LA POLOGNE

ET

L'EUROPE

PAR

GEORGES SEIGNEUR

[illegible]

PARIS

[illegible] PALMÉ, LIBRAIRE-ÉDITEUR, [illegible], rue Saint-Sulpice | [illegible] DENTU, ÉDITEUR, Palais-Royal, [illegible], galerie d'[illegible]

1863

LA POLOGNE

ET

L'EUROPE

PAR

GEORGES SEIGNEUR

Avocat à la Cour impériale.

PARIS

VICTOR PALMÉ, LIBRAIRE-ÉDITEUR, 22, rue Saint-Sulpice. | É. DENTU, ÉDITEUR, Palais-Royal, 13 et 17, galerie d'Orléans.

1863

LA POLOGNE ET L'EUROPE

I

Il se passe en ce moment quelque chose de grave, de solennel. La Pologne intervient dans les affaires de l'Europe, dans les affaires du monde. Elle déclare qu'elle est vivante : elle déclare qu'elle est immortelle. Elle le déclare et elle le prouve. Elle soutient contre la Russie une lutte inégale. Cette lutte se prolonge, s'étend, se généralise. On parle de reconstituer la Pologne. On commence à entrevoir l'unique solution, la seule qui soit de taille à satisfaire la conscience de l'Europe. Pendant que les Polonais se font tuer avec un abandon qui manifeste l'origine chrétienne de leur courage, l'Europe est condamnée à regarder en face la question de Pologne ; et si l'Europe baisse ou détourne les yeux, n'importe ! Dieu a mis l'Europe en demeure. Il faudra bien que la question soit résolue. La question que la Pologne vient de laisser éclater devant l'Europe n'a pas l'air en effet d'avoir été posée par l'homme : elle a l'air d'avoir été posée par Dieu. Voici l'heure de juger la vieille politique, et d'en faire justice : voici l'heure d'inaugurer la politique franche et complète, la politique radicale et réparatrice, la politique de l'avenir. Voici l'heure d'en finir avec l'iniquité, de la balayer.

Un journal anglais qui semble avoir pour but et pour essence de se démentir indéfiniment, et qui prend, quand il défend une cause, l'engagement implicite de l'abandonner, le *Times* reproche à la Pologne d'avoir mal choisi le moment de l'insurrection. Il est vrai que le *Times*, qui a l'habitude de se contredire d'une semaine à l'autre, le fait ici dans un plus bref délai, en reconnaissant que le moment de l'insurrection actuelle n'a pas été choisi par la Pologne, mais par la Russie. Cette observation suffit pour détruire le reproche adressé par le *Times* à ces martyrs improvisés. La Pologne, toujours prête au sacrifice, ne choisit pas. Elle laisse la Russie marquer l'heure comme il lui convient. La Pologne est détachée, dégagée, libre, elle a fait pénétrer dans la politique l'abnégation chrétienne. C'est là sa gloire, et aussi sa garantie. Elle prend avec une sublime indifférence ce qui se présente à elle : hier, la résignation passive, aujourd'hui la colère indignée de la conscience poussée à bout. Pour elle, la vie et la mort sont devenues synonymes. Le Polonais est prêt à mourir : il est prêt aussi à ne pas mourir. Le choix ne le regarde pas. Il consent à vivre, si la Russie ne dépasse pas une certaine limite : il consent à mourir si la Russie dépasse une certaine limite. Tout revient au même. Vie ou mort manifestent diversement le même principe, la même vitalité. Si le moment vous paraît mal choisi, s'il déconcerte vos combinaisons, vos calculs, plaignez-vous-en à la Russie. La Pologne obéit. Sa manière d'obéir, c'est de suivre tranquillement la Russie dans sa marche, de la refléter : c'est de laisser faire le Czar tant que le Czar n'est pas fatigué, et ne commande pas à la Pologne, par l'excès des provocations, de perdre patience.

Je n'ai encore nommé que la Russie ! Ce n'est pas que j'oublie les deux autres puissances *co-partageantes*, la Prusse et l'Autriche. Mais la Russie possède le cœur, le centre de la Pologne, et c'est le Czar qui, dans le drame des destinées de ce grand peuple, joue le rôle le plus apparent.

La Russie règle les mouvements de la Pologne, les détermine, et, selon sa fantaisie, amène la nation immortelle à se manifester sous l'une ou l'autre face.

La Russie, empruntant pour ce ministère la main d'un Polonais, qui s'appelle le marquis Wielopolski, a sommé la Pologne de s'enrôler sous le drapeau étranger. Le marquis Wielopolski, irrité de voir que sa nation ne suivait pas ses

conseils, et qu'au lieu de s'ensevelir avec lui dans le *panslavisme*(1), elle continuait à vivre malgré la défense des Cosaques, n'a rien trouvé de mieux pour séduire la Pologne, et la gagner à ses desseins, que cette *chose* encore innommée dont il est l'inventeur. On ne peut pas dire *la conscription*. Chez nous, Européens, la conscription réveille des idées d'ordre impartial et de régulière équité. Les rigueurs du sort sont après tout des tempéraments : *le hasard*, disait Joseph de Maistre, *est l'incognito de la Providence*. Le paysan français que la conscription éloigne de son clocher a l'intuition confuse de cette vérité. Il est soulagé, sans le savoir, par ce sentiment. Le marquis Wielopolski s'est défié du sort, du hasard : il l'a remplacé par l'arbitraire de la police. Son organisation de l'armée est une loi des suspects. Il a fait du drapeau russe le poteau d'un bagne : il a fait de l'armée une Sibérie. Le sort ne fait pas acception de personnes : il ne frappe pas avec une froide préméditation. C'est un instrument entre les mains de Dieu : ce n'est pas un instrument entre les mains de l'homme. Le marquis Wielopolski qui, s'il n'est pas russe, est digne de le devenir, a traité le hasard en suspect, et l'a éliminé. Il a voulu tenir entre ses mains tous les rouages d'une conscription obéissante. L'intervention du sort en ces matières lui a paru sans doute une infraction anticipée à la discipline militaire. La Russie en est venue à se défier du sort, que nous avons coutume de trouver terrible, mais qui l'est moins qu'elle. Rien de plus simple. La Russie veut être dans le monde moderne ce qu'était le Destin dans le monde antique. En sacrifiant quelque chose au hasard, elle croirait se relâcher de ses droits : elle croirait abdiquer.

Le marquis Wielopolski semble chargé de prouver au monde l'impossibilité de ces *fusions* entre deux nations constituées et formées, *fusions* contre-nature. Les races peuvent se

(1) Les projets de domination universelle, de la part de la Russie, ne sont pas un mystère. Le *panslavisme* (ou domination universelle de la race *slave* que la Russie croit représenter), est la formule de ces projets. Les Polonais ne reconnaissent pas aux Russes l'origine slave. Mais le mot *panslavisme* n'en est pas moins admis. Une correspondance de Varsovie, publiée dans le *Journal des Débats* il y a quelques mois, déclarait que les Polonais, tout en sachant gré au marquis Wielopolski de ce qu'il semblait alors vouloir faire, n'étaient nullement disposés à le suivre « dans la fosse commune du *panslavisme*. »

fondre : les nations jamais. Les races sont les éléments, la matière des nations. Les nations, tant que Dieu ne les abandonne pas, tant que Celui qui leur donne la forme ne se retire pas d'elles, sont ineffaçables, inaltérables. Le marquis Wielopolski voulut être à la fois Polonais et Russe. Quelle impureté! Mais cet homme d'État, qui ne voulait pas choisir, a choisi malgré lui. Il a perdu promptement ce qui lui restait de physionomie polonaise : on le voit de plus en plus *tourner au cosaque.*

Cela ne veut pas dire qu'il ait satisfait la Russie. La Russie ne peut pas se fier au marquis Wielopolski. Nul n'a confiance dans celui qui *devrait* le combattre.

Mais la mesure inqualifiable, qui s'appellera peut-être dans l'histoire *la conscription Wielopolski,* n'est qu'un détail, un accident, une occasion. Comme l'a remarqué dans un récent écrit M. le comte de Montalembert, cette mesure n'aurait pas mis le feu à la Pologne si la Russie ne s'était pas permis de surexciter l'âme de la nation en constatant officiellement la *gaîté* des conscrits, ce qui était les représenter comme les complices de la Russie (1). Capable de supporter les tortures matérielles, et de se résigner au supplice de son corps, la Pologne n'a pas été capable de laisser passer, sans éclater de colère et d'indignation, le mensonge qui faisait retomber sur elle une part du crime dont elle est la victime. La remarque de M. de Montalembert indique la grandeur de la situation. La Pologne, fidèle à ses antécédents, était prête à se laisser immoler de nouveau. Elle est habituée au martyre. Elle a fait amitié avec lui. Voilà près d'un siècle qu'on l'immole : mais voilà aussi près d'un siècle qu'elle parle, répandant sans relâche sur ses assassins la lumière accusatrice que jette la protestation. Elle veut être vraiment martyre. *Martyr* veut dire *témoin.* La Pologne veut rendre témoignage : elle veut dégager de ses souffrances une parole et un cantique. Quand elle a entendu la Russie répondre par un mensonge à la résignation, elle s'est levée, elle s'est armée, de peur de mentir. Pour obtenir la gaîté qu'on voulait constater, la Russie avait eu recours au moyen que voici. Elle avait refusé aux conscrits toute

(1) *L'Insurrection polonaise.*

nourriture, et ne leur avait donné que de l'eau-de-vie : un moment vint où ces malheureux tombèrent dans une gaîté capable d'être enregistrée par un Moniteur russe. Le journal officiel s'empara de cette gaîté, la constata dans une de ces grandes phrases à l'aide desquels le Cosaque, qui est très-fort en rhétorique, espère abolir la conscience de l'Europe. Alors, la Pologne donna au journal officiel un démenti : et ce démenti fut l'insurrection qui dure encore, et grandit tous les jours. Si la Pologne a donné au monde ce grand spectacle d'un peuple *qui peut tout subir, tout endurer, hormis l'hypocrisie officielle, hormis le mensonge impuni et couronné* (1), c'est que, depuis son assassinat, elle s'est trempée dans la justice, dans la vérité, dans la lumière, et la voilà qui trouve aujourd'hui, dans la force acquise et la richesse accumulée, la faculté d'étonner le monde par l'énergie glorieuse de sa résistance.

Des événements comme l'insurrection polonaise ne sont pas sans profondes racines. Ils manifestent une puissance ramassée dès longtemps. Ils proclament et mettent au jour ce qui s'est fait dans l'ombre, dans le secret; ils disent le nom de ces milliers d'actes intérieurs, invisibles, inaperçus, qui ont rendu témoignage, dans le fond des cœurs, à la justice violée, et recueilli, pour l'heure du combat, les ressources du sacrifice. Il y a dans le fait seul de l'insurrection polonaise je ne sais quoi d'auguste et de séculaire : je veux dire que dans cette lutte héroïque on voit engagé tout un capital d'actes intérieurs, d'acceptations, d'oblations, de désirs glorieux, accomplis, soit par ceux qui se battent, soit par leurs ancêtres, et échelonnés dans l'histoire du XIXe siècle. Ce n'est pas là l'œuvre d'un jour, d'un mois, d'une année. Il n'y a là rien de court, rien qui menace de s'épuiser vite. Derrière ces bataillons qui tiennent en échec, avec leurs bâtons et leurs faulx, les armées de la Russie, il y a d'autres bataillons qui sont patients, qui se lèveront à l'heure opportune, qui viendront, au jour voulu, renforcer les libérateurs.

Le prince Czartoryski, patriarche de l'émigration polonaise, roi sans couronne d'un peuple exilé, le prince Czartoryski, à la veille de mourir, adressait à la Pologne ces paroles pacifi-

(1) *L'Insurrection polonaise.*

catrices tant de fois citées : « *Ne descends pas, ô ma nation, de cette hauteur où les puissants eux-mêmes sont forcés de l'admirer...*, etc. »

Le prince Czartoryski voulait la hauteur de sa nation, et il avait l'intuition de cette vérité que la douceur d'une nation est la mesure de sa hauteur.

Le prince Czartoryski fut un de ces hommes capables de conseiller la douceur aux nations, et la Pologne est une nation douce, parce qu'elle est une nation chrétienne, une nation catholique. Mais il y a des cas où la nation la plus douce, se redresse invinciblement en face de ses assassins étonnés, qui se croyaient tout permis, et transforme sa résignation en une colère terrible, d'autant plus digne d'attention, et d'autant plus digne de victoire, qu'elle n'est pas suspecte et qu'elle est pure dans sa source. La Russie, qui est aveugle, n'a rien compris, en aucun temps, à l'angélique douceur de cette nation, qui a répondu par des hymnes à ses provocations brutales, et qui, sous le fouet des Cosaques, élevait avec une inviolable candeur sa prière ininterrompue vers le Dieu des nations. La Russie a provoqué, mordu de mille manières la Pologne, et un jour il s'est trouvé que la Pologne s'est soulevée d'indignation. Que la Russie recueille ce qu'elle a semé ! Qu'elle triomphe par son poids, par sa masse, qu'elle triomphe provisoirement de cette indomptable nationalité que le Czar foule en vain, et ne parvient pas à écraser. Son triomphe serait le plus sanglant échec qu'elle pût recevoir ; et si de nouveau l'*ordre règne à Varsovie*, ce sera pour elle un contre-temps plus irréparable que la ruine de son orgueilleuse ambition sous les murs de Sébastopol.

II

Mais j'espère encore que cela ne sera pas, et que nous ne verrons pas l'Europe assister impassible au renouvellement de l'assassinat d'un peuple. Je l'espère pour l'Europe ! car la Pologne est hors de cause. Je ne m'occupe pas d'elle : je ne pense pas à elle. Quoi qu'il arrive, elle est assurée de vivre :

et son immortalité a fait ses preuves. Je me préoccupe de l'Europe, que la justice de Dieu *somme* de choisir et de choisir promptement, entre l'iniquité et la réparation.

Je ne plaide pas ici en faveur de la Pologne : je plaide en faveur de l'Europe. Les destinées européennes sont en jeu beaucoup plus que les destinées polonaises.

La Pologne a subi la mort : elle l'a traversée. Elle n'a donc plus rien à redouter d'elle. D'où vient la physionomie surhumaine de cette nation? D'où vient ce mépris de la mort qui l'anime tout entière? Rien de faux : rien de théâtral. La simplicité resplendit sur l'héroïsme polonais. Ordinairement, le mépris de la mort est tendu, raide : il procède d'un effort, et semble maintenu par le jeu d'un ressort. Il a quelque chose d'impatient et de farouche, de précipité et de menaçant. Il manque de mesure, d'équilibre. C'est un faux mépris de la mort, un mépris affecté. Il trahit une secrète préoccupation. Aussi n'éveille-t-il pas l'idée de la vie supérieure, l'idée de la gloire. Mais voici des hommes qui méprisent assez la mort pour n'être pas pressés de faire l'épreuve; ils ont confiance dans la loyauté de leur sacrifice, ils sont *également* prêts à mourir et à ne pas mourir. Cet héroïsme est le caractère de toute la nation, des jeunes gens comme des hommes faits, des femmes comme des hommes. Les femmes sentent qu'elles doivent leurs enfants à la patrie, à Dieu; on ne voit pas la *mère* étouffer par une fausse tendresse la vie qu'elle a donnée. Les mères polonaises se tiennent debout au pied de la Croix où leurs fils montent pour rejoindre la patrie : je puis sans sacrilége faire ce rapprochement, et faire allusion à la Mère de Dieu à propos des mères polonaises, parce que la Pologne est une patrie chrétienne, et unit ses souffrances à la passion de Jésus-Christ. Tout cela se fait avec calme, dans la paix. C'est une exaltation tranquille, qui rappelle l'étymologie du mot (*exaltare*, élever). C'est une élévation! C'est la hauteur qu'admiraient, au moment de se fermer, les yeux du prince Adam Czartoryski! Ainsi, ce vrai mépris de la mort, qui est parmi nous le signe du vrai soldat, et qui, à propos de lui, rappelle la pensée du prêtre, est le caractère de tout un peuple, sa marque, son auréole. La Pologne n'est plus une nation dans le sens *officiel* du mot : mais elle est plus qu'une nation. Elle est un Ordre Militaire. Le soldat est familier avec la mort : il est mort tant de fois par l'acceptation, il a fait son sacrifice sur tant de champs de bataille, qu'il a l'air de connaître un mystère ignoré des autres, d'avoir vu ce que la mort cache, et de savoir à quoi s'en tenir : il a l'air d'avoir traversé la mort, et d'en revenir complétement rassuré. Il a été *au feu*. C'est ce qui arrive à la Pologne : elle rassure ses enfants : elle leur dit le nom de la mort. Elle leur affirme que la mort du corps n'entraîne pas la mort de l'âme : elle leur affirme qu'assassinée elle a survécu *en vertu de l'immortalité de l'âme*. Elle leur dit de n'avoir pas peur. Elle leur fait part de son expérience. Elle leur déclare qu'elle sait à quoi s'en tenir, et que la mort cache la résurrection.

Mais l'Europe n'a pas ces garanties. Elle n'a pas fait cette épreuve. Elle n'a pas *survécu*. Elle a même fait le contraire. Je m'explique. L'Europe *officielle* existe. Mais l'Europe vivante, où est-elle ? L'Europe *mécanique* existe. Mais l'Europe organique, où est-elle ? La Pologne assassinée montre la vie dans la mort apparente : l'Europe, qui a assassiné, ou laissé assassiner la Pologne, semble faire la démonstration contraire. Son état est inquiétant. Elle a des ressources matérielles prodigieuses : ses ressources morales semblent taries. Les questions la prennent au dépourvu. Elle les voit surgir avec mauvaise humeur : elle les reçoit, non pas comme des occasions, mais comme des embarras. Au lieu de remercier ceux qui posent les questions, et qui, en les posant, lui épargnent le fond de l'ouvrage pour ne lui laisser que la gloire de les résoudre ; au lieu de saisir, avec l'empressement de la jeunesse et le calme de la maturité, les questions qui viennent à elle, l'Europe les reçoit mal, cherche à les congédier, et veut leur faire entendre qu'elles sont importunes. Que l'Europe y prenne garde ! Elle joue un jeu terrible. Dieu lui accorde des délais. Mais nul ne connait leur étendue. Les questions congédiées reparaissent tôt ou tard, agrandies, terribles. Car les questions posées sont les sommations de la justice, et la justice ne souffre pas qu'on l'éconduise indéfiniment.

III

Il y a dans l'histoire beaucoup d'iniquités, mais rien qui ressemble au partage de la Pologne. Ce partage a porté atteinte aux lois de la vie.

Croyez-vous que l'Europe soit une machine? Croyez-vous que sa croissance et son développement ne soient pas soumis aux lois générales, aux lois organiques?

D'où vient que l'Europe a l'air d'un condamné à mort?

Quand un homme a tué un homme, la société se reconnaît à elle-même le droit de demander à l'assassin sa vie, de la lui prendre. La société considère donc cet homme comme déjà retranché du nombre des vivants, en vertu d'un décret supérieur qu'elle proclame pour l'exécuter : autrement la décision sociale serait inexplicable. La société considère cet homme comme déjà frappé invisiblement par le choc en retour des lois générales de la vie. Or, il semble qu'un jury invisible se soit rassemblé quelque part, et que son verdict souverain ait condamné l'Europe. Seulement, il peut y avoir des circonstances atténuantes. Il y en a en effet. Seulement, c'est la victime qui les fournit.

La victime, en triomphant de la mort, *atténue* le crime.

La Pologne, par sa vitalité, par son immortalité, par son sang qu'elle verse, plaide en faveur de l'Europe devant la justice de Dieu.

Si elle eût ratifié le crime commis sur elle, elle eût rendu le crime irréparable.

L'Europe serait probablement condamnée sans retour.

Si la Pologne n'avait pas préservé son âme, sa *forme nationale*, l'Europe serait dans l'impuissance, non pas de se repentir, mais de réparer, mais de satisfaire.

La Pologne a eu pitié de nous. Elle n'a pas voulu se venger. Elle a donné son sang pour atténuer le crime que nous avons commis ou laissé commettre. Ce crime est devenu, grâce à la victime, une simple tentative.

Notre victime est là, rayonnante. Elle déploie une vitalité qui doit nous faire envie. Quelle agilité glorieuse dans ses mouvements! Quelle sérénité! Quel entrain! Elle a le don de nous contraindre à l'admirer, et voici que devant elle les hommes de la vieille Europe éprouvent quelque chose qui ressemble presque à de l'enthousiasme.

Si la voix du Dieu créateur, si la voix du Dieu père d'Abel et père de la Pologne, nous criait aujourd'hui : *Caïn, qu'as-tu fait de ton frère?* il nous serait facile de désarmer le Seigneur en lui montrant la Pologne debout.

IV

La Pologne présente un spectacle admirable. Tandis que les autres nations de l'Europe ne songent guère à leur type, à leur raison d'être, à la loi de leur existence, et quelquefois même semblent prendre à tâche de contredire absolument leur raison d'être en faisant le contraire précis de ce qu'elles étaient appelées a faire, voici une nation morte, assassinée, ensevelie, qui, je ne sais comment, accomplit sa loi, sa mission, sa fonction. Quelle est en effet la mission providentielle de la Pologne? C'est d'être le boulevard de la chrétienté. Elle n'a rien d'agressif, et il faut rappeler sans cesse à l'oublieuse Europe la docilité admirable dont la Pologne fit preuve lorsque, sous Étienne Bathory, sur un désir du Saint-Siége, elle s'arrêta dans ses victoires et négligea d'achever la défaite de la Russie, de peur d'éloigner irrévocablement les schismatiques et de nuire aux espérances de l'unité. Le rôle de la Pologne n'est pas d'attaquer; mais elle a des facultés merveilleuses pour la défense: pour sa propre défense, et aussi pour la défense de la chrétienté, deux choses qui d'ailleurs sont absolument solidaires. Elle est le rempart de l'Europe. La victoire miraculeuse de Jean Sobieski, la délivrance de Vienne par la Pologne, aidée de la Très-Sainte Vierge, *Reine de Pologne*, a marqué dans l'histoire, en lettres de feu, la nature du rôle que cette nation chevaleresque est appelée à remplir. Elle a refoulé la Turquie, prête à dévorer l'Europe. Pour récompenser Jean Sobieski, une partie de l'Europe a partagé la Pologne : l'autre partie a laissé faire. Il est vrai que cela s'est passé au XVIIIe siècle, qui fut l'ennemi de la Chrétienté. Voltaire a battu des mains, et le partage de la Pologne lui a fait connaître un genre d'enthousiasme approprié à sa froideur.

Or, la Pologne assassinée semble ne pas s'apercevoir de l'accident qui lui est arrivé : elle ne tient aucun compte du changement survenu dans sa situation. On lui dit qu'elle est morte, puisqu'elle est partagée et qu'elle a perdu son unité, elle qui a sauvé l'unité de l'Europe ! La Pologne n'entend pas. Elle reste, comme autrefois, le boulevard de l'Europe. Elle continue à remplir sa mission. Elle continue à protéger l'Europe, que la Russie convoite et menace. Elle est la pierre d'achoppement du *panslavisme*. Elle est le caillou tombé de la montagne qui frappe les pieds d'argile sur lesquels le colosse croit se tenir debout. Elle met à nu l'infirmité de la Russie. Elle en est l'humiliation quotidienne, l'échec permanent. Elle oblige la Russie à dévoiler tour à tour son désarroi et sa fureur, à les dévoiler quelquefois tous les deux du même coup. La citadelle n'est pas prise et ne le sera jamais.

Le czar Alexandre II a dit un jour à ses *sujets* de Varsovie :

« Surtout, messieurs, point de rêveries, car tout ce que mon père a fait est bien fait. »

Cet arrêt militaire sera cassé par la justice de Dieu.

De tout temps on a dit à l'espérance et à l'unité : *Point de rêveries !*

De tout temps on a pris le monde visible, le monde des faits accomplis, pour type et pour raison suprême, au lieu de chercher dans l'ordre invisible la raison de la pratique et le type de l'action.

Que cette méprise soit l'œuvre d'un simple particulier, ou l'œuvre d'un homme tout puissant, elle est toujours la même au fond ; elle a toujours d'incalculables conséquences. Mais l'empereur Alexandre II porte une couronne de fer, et sa hautaine sagesse est plus pesante qu'une autre. Quand il prend fantaisie au Czar d'emprunter la formule des hommes *positifs*, et de se faire reconnaître leur égal, leur frère, leur cousin, il a l'effrayant pouvoir de tenir en suspens les destinées du monde et de retarder l'avenir.

Il peut avoir ce succès : quant à la victoire définitive, elle échappe à son atteinte, elle est hors de sa portée.

Le Czar a beau dire à la Pologne et à l'Europe : *Pas de rêverie*, et assumer le poids de la mémoire paternelle en ajoutant: *Ce que mon père a fait est bien fait :* quand il parle ainsi et met sa piété filiale à s'enchaîner aux iniquités de son père, le Czar est un rêveur. Il parle d'une chose qui n'est pas faite, qui ne sera jamais faite, qui est tout simplement impossible. Il rêve la *russification de la Pologne,* petite affaire que Novosilzof a déclarée retardée de cent ans par le passage du prince Adam Czartoryski à l'instruction publique. Le Czar est un rêveur, et quand la Pologne continue à se montrer vivante, elle lui renvoie sa parole, elle lui dit à son tour: *Sire, pas de rêverie.* Mais le Czar dort son sommeil, car c'est un riche du monde. Et la Pologne, déshéritée, si pauvre qu'on l'a dépouillée de son unité nationale et qu'elle n'a plus même, pour s'abriter, les plis troués de son drapeau victorieux, la Pologne ne rêve pas; car elle s'appuie sur la Vérité substantielle, sur la fidélité de Celui qui Est, sur l'amour de Jésus-Christ pour les nations chrétiennes : unie à lui, elle reçoit de lui une force suffisante pour user la masse moscovite qui croit l'écraser.

V

La question est posée : il faut la résoudre.

Il n'y a qu'une manière de la résoudre : c'est de rétablir la Pologne, toute la Pologne.

Quelques dates éclairent la situation :

En 1815, le partage de la Pologne est pour la première fois reconnu. Les traités de Vienne consacrent le fait accompli.

La Pologne accepte la situation.

Mais chacun à sa manière, l'Europe diplomatique et la Pologne vivante, chacun sent l'injustice commise et veut la réparer. L'Europe se borne à la tempérer dans l'application, en stipulant pour les trois parties de la Pologne la garantie *d'institutions représentatives distinctes, ouvertement établies pour la préservation de la nationalité* (1). C'est une reconnaissance légale du droit des vaincus, arrachée à la conscience des vainqueurs.

En regard du traité de Vienne, délibéré autour d'un tapis vert par la vieille diplomatie, par les survivants de l'ancien régime, il faut placer un traité qui ne fut signé par personne, mais qui fut signé par la Pologne entière. Séparés par des frontières factices, les Polonais, sans avoir besoin de se concerter pour s'affirmer, convinrent d'un accord unanime et tacite de ne tenir aucun compte des obstacles matériels qui les séparaient les uns des autres, et de se considérer toujours dans l'unité de la patrie :

« Il devenait possible, dit le général Zamoyski, pour tout polonais, de servir son pays par tous les moyens en son pouvoir. Et avec une entière confiance dans leur esprit national et dans la justice de Dieu, les Polonais choisirent pour objet souverain de leurs efforts, de faire voir au monde qu'ils n'avaient pas cessé de se considérer eux-mêmes comme formant une seule et même nation (2). »

Ainsi parlait, en 1861, le digne frère de cet illustre exilé, le comte André Zamoyski, que le Czar a éloigné de Varsovie, pour le punir d'avoir réclamé l'autonomie et l'intégrité de sa patrie.

La Pologne n'a pas été convoquée au traité de Vienne, qui, pour cette raison et pour d'autres, ne mérita qu'en apparence le nom glorieux de *traité européen*. L'Europe est tout d'une pièce !

Comment les diplomates de 1815 osèrent-ils choisir, pour consacrer l'absence de la Pologne, ces murs de Vienne qui seraient turcs aujourd'hui sans l'épée polonaise de Jean Sobieski? Les diplomates de 1815 avaient sans doute oublié ce

(1) *Lettre du général L. Zamoyski au comte d'Ellenborough* (Londres, 1861), p. 5.

(2) *Loco citato.*

détail. Jean Sobieski n'était plus là pour leur rappeler la délivrance de Vienne et la protection victorieuse de Marie Immaculée. L'histoire se taisait à Vienne en 1815.

Mais la conscience européenne s'était réfugiée en Pologne. C'était là que respirait, au souffle de l'avenir, l'unité future de l'Europe, qui ne voyait pas alors qu'en partageant une nation elle se partageait elle-même.

L'empereur Alexandre Ier écrivit des paroles qui sont un aveu remarquable:

« La question n'est pas, quant à présent, disait-il, de restaurer la Pologne dans toute son intégrité, mais rien n'empêche qu'on le fasse un jour si l'Europe le désire. » (L'empereur Alexandre à lord Castlereagh, 1815).

Et avec les lambeaux de la Pologne qui lui étaient échus en partage, je me trompe, avec une partie seulement de la portion donnée aux Russes, il érigea un royaume de Pologne, un royaume tel quel.

L'apparente bonne volonté du Czar aurait dû être aidée par l'Europe. Mais où donc est l'Europe? Qu'est-elle devenue? Depuis quand a-t-elle disparu? Où l'ont menée, où l'ont cachée ses distracctions séculaires? L'Europe, qui semble mettre depuis un demi-siècle je ne sais quelle affectation à donner sa démission, l'Europe ne profita pas de l'occasion offerte par le Czar.

En acceptant un royaume de Pologne, mutilé, gouverné d'ailleurs par le Czar, l'Europe acceptait une situation transitoire que sa surveillance aurait dû prochainement transformer.

Le Czar n'admit pas d'étrangers, pas de Russes, dans les fonctions du royaume de Pologne. Il rétablit le drapeau national, les couleurs nationales.

« Mais quelle fut la suite? dit encore le général Zamoyski. — Hélas! rien que le désappointement. L'Europe, après avoir minutieusement débattu et enfin réglé la nouvelle condition de la Pologne, chassa complétement ce sujet de son esprit. Notre constitution fut foulée aux pieds : un frère du Czar, nommé commandant en chef de l'armée polonaise, fut investi d'un pouvoir discrétionnaire; les membres de l'assemblée législative furent arrêtés par son ordre et emprisonnés. Un fonctionnaire russe fut délégué pour être présent aux délibérations du cabinet, et ce fonctionnaire était un homme dont le nom est demeuré dans la mémoire de tout Polonais comme le type de la plus basse tyrannie exercée sur l'âme et sur le corps. Mais une chose nous inspirait encore de la patience : Alexandre s'était réservé, par un paragraphe spécial du premier article du traité de Vienne, la faculté d'annexer à son royaume de Pologne toutes les provinces de l'ancienne Pologne placées sous son sceptre : et, en conséquence, pendant tout son règne, il avait à plusieurs reprises proclamé sa détermination de rétablir aussitôt qu'il le pourrait la Pologne dans ses limites séculaires. Ce solennel engagement était singulièrement amoindri par les insultes que lui infligeaient les délégués de l'empereur. Mais il était du moins un dernier motif pour patienter... »

Je crois inutile d'insister sur le démenti que l'avénement et la politique du Czar Nicolas donnèrent bientôt aux illusions de la Pologne.

Mais si la Pologne a perdu ses illusions, elle n'a pas perdu ses espérances. Le moment serait mal choisi pour lui conseiller d'abattre ses espérances et de relever ses illusions. Dans quelle voie marche Alexandre II? Qui veut-il imiter? L'empereur Alexandre Ier ou l'empereur Nicolas? Pas même Alexandre Ier! Il a pris soin de publier son choix et d'avertir la Pologne. Le Czar a eu peur. Il a craint que l'émancipation des serfs n'encourageât les espérances séditieuses de la justice violée. Il a désavoué les engagements solennels d'Alexandre Ier, et s'est *posé* comme l'exécuteur testamentaire de Nicolas.

VI

Je veux être juste. En accusant la Russie d'avoir violé le traité de Vienne, je ne veux pas laisser croire que la Prusse et l'Autriche soient innocentes.

En ce qui touche la Prusse, une brochure, publiée en 1861, sous ce titre : *La Prusse et les traités de Vienne* (1), démontre surabondamment la vérité. L'article 2 de l'acte général de Vienne accorda au roi de Prusse le grand-duché de Posen, et en conséquence Frédéric-Guillaume III, douze jours après le traité de Vienne, adressa aux habitants du grand-duché une proclamation dans laquelle je lis ces mots :

« Nous formons de ces divers territoires (les territoires polonais) *une province séparée*, que nous posséderons sous le nom de *grand-duché de Posen*. En conséquence, nous prenons dès à présent le titre de grand-duc de Posen, et nous ferons placer désormais les armes de la province dans celle de notre royaume... »

Frédéric-Guillaume III disait encore dans ses lettres-patentes d'occupation :

« *Vous aussi vous avez une patrie*, et je vous estime pour avoir su la défendre. Vous serez mes sujets et je serai votre monarque, sans que vous *ayez besoin pour cela de renier votre nationalité*. Votre religion sera respectée, vos droits personnels et vos propriétés passent *sous la tutelle de lois qu'à l'avenir vous ferez vous-mêmes*. *Votre langue sera employée dans toutes les affaires publiques*, à côté de la langue allemande (2). Quant à vous, suivant vos capacités et vos aptitudes, *vous remplirez tous les emplois du grand-duché de Posen*... Mon lieutenant, *né parmi vous*, résidera au milieu de vous... Le Président en chef, votre compatriote,

(1) Paris, Dentu.

(2) Il y avait déjà dans cette assimilation injurieuse un commencement de violation du pacte européen.

procédera à l'organisation du grand-duché et choisira tous les fonctionnaires parmi vous. »

Frédéric-Guillaume IV tenait en 1841 le même langage :

« D'accord avec les stipulations du traité de Vienne, disait-il, nous nous engageons à respecter chez les Polonais l'amour que toute noble nation a pour sa langue, son passé historique, et ses usages. »

A la mort du prince Radzivill, vice-roi, c'est-à-dire en 1831, *un ennemi déclaré de la nationalité polonaise*, M. de Flotwell, fut nommé, non pas vice-roi, mais gouverneur. Ce personnage, *dans un rapport confidentiel, devenu public*, résume ainsi *l'histoire de son administration pendant dix ans :*

« Dès le commencement de mon gouvernement, je me suis donné pour but l'union intime et indissoluble de cette province avec la monarchie prussienne. Le meilleur moyen de l'atteindre était, d'un côté, d'étouffer insensiblement et autant que possible les mœurs, les inclinations et les tendances de ses habitants polonais qui s'opposent à cette fusion ; — et, de l'autre, d'introduire à leur place l'élément allemand, de lui donner un développement de plus en plus grand, tant par des avantages matériels que par des avantages moraux, afin qu'il puisse arriver en définitive à dominer l'élément contraire et à anéantir complétement l'esprit polonais, tant dans l'éducation que dans l'esprit des habitants. »

On lit dans le même rapport :

« Il faut donc audacieusement poser ce principe, que la province doit être ouverte à deux battants à l'élément allemand. »

La brochure à laquelle j'emprunte ces citations donne les détails suivants :

« L'exclusion des indigènes est absolue en fait, quoiqu'il n'existe aucune loi formelle qui la prononce... Chose incroyable ! D'après une décision ministérielle qui date à peine de quelques années, la connaissance de la langue polonaise n'est pas même exigée par le gouvernement pour les fonctionnaires de cette province qui, naguère encore, avant le Congrès de Vienne, s'appelait la Grande-Pologne... A-t-on des affaires? Il n'y a pas de notaire polonais à Posen, le gouvernement n'ayant jamais voulu nommer que des Allemands. A-t-on un procès? Les magistrats, tous Allemands, ne comprennent pas le polonais. Il faut des interprètes pour s'expliquer devant eux. Qnant aux avocats, ils doivent plaider en allemand... Veut-on voyager? Les cochers n'entendent que l'allemand. Les employés du chemin de fer ferment leur guichet à qui leur demande un billet en langue polonaise... Dans un lycée de Posen, un professeur ayant donné pour sujet de composition à ses élèves un discours sur la nécessité de connaître la langue de son pays, fut immédiatement révoqué... Dans une institution de jeunes filles, la maîtresse de pension faisait, une fois tous les huit jours, à ses élèves, une conférence de quelques heures sur l'histoire de Pologne. Dès qu'il l'a appris, le gouvernement a interdit ces leçons, sous prétexte que « l'histoire de Pologne, n'étant point enseignée dans les écoles publiques, ne devait point l'être davantage dans les écoles privées. »

Je renvoie pour le surplus à la brochure elle-même. Je me borne à constater que le 22 mai 1860, au sein de la diète de Berlin, les représentants polonais ayant réclamé pour leur province le titre de grand-duché de Posen, garanti par le traité de Vienne, le gouvernement a refusé, en déclarant que la province de Posen n'est qu'une simple province de Prusse.

Et le gouvernement ajoutait :

Qu'on le sache bien !

Ce qui n'a pas empêché lord Palmerston d'affirmer que la Prusse a respecté le traité de Vienne!

Quant à l'Autriche, elle a joué un rôle ambigu. En 1831, elle garde la neutralité. Elle a compris depuis longtemps que la Pologne manque entre elle et la Russie. Elle consentirait à renoncer à la Galicie : la restauration de la Pologne lui paraîtrait une éclatante compensation. Elle a besoin de cette barrière. Elle chargerait volontiers de sa propre défense les fils de ceux qu'elle a égorgés. En ce moment elle calcule. Mais qu'on ne s'y trompe pas! La conduite presque édifiante de l'Autriche en 1831 n'a pas empêché le prince de Metternich de se couvrir de sang et de honte en organisant les massacres de Galicie. L'Autriche, en attendant le rétablissement de la Pologne, a commencé alors par l'*incorporation* de Cracovie, que le traité de Vienne avait déclarée ville libre. Je ne discute pas en ce moment les sympathies actuelles de l'Autriche. Il est certain que l'absence de la Pologne l'expose au voisinage désagréable de la Russie, et qu'elle serait enchantée de mettre, selon le mot du prince de Metternich, un *coussin* entre elle et la Russie. Mais elle demande qu'*on tienne compte de sa position de puissance co-partageante.* Elle n'a pas horreur du *crime :* elle ne voit que la *faute.* Quoi qu'il en soit, je me borne en ce moment à constater que les trois puissances co-partageantes ont déchiré d'un commun accord le traité de Vienne; j'en conclus qu'il est temps de revenir à la justice.

VII

Quand une convention est violée par l'une des parties contractantes, l'autre est dégagée de ses obligations.

Les droits antérieurs revivent alors dans leur intégrité.

Tel est le droit *positif.*

Les trois puissances co-partageantes, en violant le traité de Vienne, ont fait revivre, même au point de vue du droit *positif,* l'état antérieur, et il n'y a plus en présence que deux choses : d'un côté l'iniquité brutale, la spoliation; de l'autre le droit naturel et historique, la Pologne de 1772.

Le traité de Vienne n'est pas la base fondamentale. Par delà cet acte officiel et diplomatique, par delà cette charte européenne, il y a la justice, qui est absolue, criante, impérieuse, et qui ne se tait ni jour ni nuit, réclamant la réparation intégrale des attentats et refusant toute transaction avec l'iniquité.

Le traité de Vienne s'est contenté d'un *à peu près :* il a été successivement violé, entamé, annihilé. C'est le sort inexorable des demi-mesures. Aussi faut-il, en relisant le traité de Vienne, en le faisant relire à la Russie, en demandant compte au Czar des coups d'éperon qu'il a donnés dans la charte européenne, en prenant du traité de Vienne tout ce qu'il contient de positif, le franchir au nom des atteintes mêmes qu'il a subies, et déclarer la résolution de ne plus se payer d'*à peu près*.

Le traité de Vienne ne pourrait plus avoir qu'une garantie : un traité plus large, un traité complet, franc, qui ne mutilerait pas la justice, qui ne serait pas une atténuation des droits proclamés, et qui n'aurait pas en soi les germes de la contradiction et de la mort.

Mais ce traité équivaudrait à la reconstitution intégrale de la Pologne, qu'il vaut mille fois mieux proclamer d'*emblée*.

En 1815, l'Europe assemblée à Vienne, l'Europe, trop peu clairvoyante pour sentir la convenance et l'obligation de restaurer la Pologne dans l'intégrité voulue par Dieu, n'a pas échappé entièrement à la fatalité miséricordieuse qui lui ordonnait de nommer la Pologne, et n'a pas tout à fait regimbé contre l'aiguillon. L'Europe a pris un moyen terme. Elle a voulu mettre d'accord sa conscience tourmentée et son amour-propre; elle n'a pas fait franchement le *meâ culpâ* qui l'eût couverte de gloire; elle a voulu se mettre à l'aise, se délivrer d'un remords gênant; mais on ne l'a pas vue, éblouie de la beauté du repentir, faire, avec la solennité chrétienne, amende honorable au Dieu jaloux qui veille sur les nations rachetées comme sur la prunelle de ses yeux. L'Europe a voulu atténuer le désordre qui lui rappelait un souvenir humiliant et importun : l'Europe n'a pas songé avant tout à demander pardon. Au lieu de rendre purement et simplement à la Pologne la vie qu'elle tient de Dieu, l'Europe a sanctionné le fait de la division, le fait du partage, tout en reconnaissant la théorie de l'unité polonaise. Elle a constitué trois Polognes (1), et ces trois Polognes sont devenues ainsi, par l'aveu précieux de l'Europe assemblée, trois témoignages de l'unité indivisible que chacune d'elles semblait contenir tout entière.

La vieille politique, qui fut un retour au paganisme, a effacé la notion de la justice. La nouvelle politique, qui sera un retour au christianisme, ravivera la notion de la justice.

(1) On pourrait même dire cinq ou six Polognes, en comptant non-seulement les trois grandes fractions, mais tous les lambeaux dont le sort fut réglé diversement.

L'assassinat de la Pologne a été le dernier mot de la vieille politique : la résurrection de la Pologne sera le premier mot de la nouvelle politique.

Si l'on veut éluder ces deux politiques, si on les considère comme également exagérées, et si l'on cherche encore des moyens-termes, on ne fera rien. La justice, qui est toujours absolue, l'est aujourd'hui plus visiblement que jamais. L'expérience des demi-mesures a été faite. Ce fameux traité de Vienne, dans lequel on lit avec stupéfaction ce mot : *Nationalité polonaise*, mais qui le rature, le surcharge, l'annihile, en sanctionnant le fait du partage, et en inscrivant la spoliation dans le droit public européen, a donné sa mesure et porté ses fruits. Les sages de ce temps avaient cru tout régler, en évitant tous les excès, notamment le repentir et la réparation. Ils avaient scellé, comme des choses durables, les parchemins dépositaires de leurs étonnantes contradictions. Ils avaient combiné ingénieusement le *oui* et le *non*. Du même coup ils avaient affirmé et nié la Pologne. Le traité de Vienne est un monument insigne de contradiction, et ne peut être invoqué qu'à titre d'élément pour une démonstration par l'absurde. Les amis des demi-mesures ont eu leur heure, leur temps : ils ont tenu dans leurs mains la carte d'Europe. Séduits par les belles paroles et les belles manières du Czar Alexandre Ier, qui faisait parade de sentiments généreux et philanthropiques, qui ne voulait pas être tout à fait pris au mot, les sages lui ont permis de garder sa part de Pologne et de s'enrichir aux dépens de ses deux complices. Peut-être pensaient-ils qu'il suffisait de proclamer une unité abstraite, une Pologne morte. Or, à la confusion des habiles, qui ne sont ici-bas que pour être confondus, il est arrivé deux choses : d'abord que la Pologne vivante n'a pas voulu devenir une Pologne morte, et qu'elle a pris au sérieux la proclamation théorique de ses droits ; ensuite, que le Czar a été fort étonné de voir une Pologne vivante quand le traité européen lui avait promis une Pologne morte. Quand le Czar s'appela l'empereur Nicolas, une insurrection provoquée par l'inexécution flagrante des stipulations européennes, servit de prétexte à la Russie pour les violer plus ouvertement encore, et déchirer le traité de Vienne à la face de l'Europe inattentive ou impuissante. Ainsi la nature des choses a reparu : les compromis que le traité de Vienne avait voulu imposer particulièrement à la Pologne et à la Russie n'ont satisfait ni l'opprimé ni l'oppresseur. L'un voyait flamboyer ce mot *nationalité polonaise*, et se fiait naïvement au sens irréformable de ce mot : l'autre ne le voyait pas, il ne voyait que les ratures, les surcharges, à l'aide desquels la diplomatie semblait avoir juré de le rendre illisible. La nature des choses peut être un moment obscurcie et voilée : mais elle ne tarde pas à reparaître. Les compromis, qui sont odieux si on les considère en eux-mêmes, et dans l'horreur de leur succès possibles, sont de plus ridicules, niais, insignifiants. Ils n'aboutissent qu'à la perte du temps, chose grave pour les individus, non moins grave pour les nations.

Il faut que l'Europe agisse *purement et simplement*. Les complications diplomatiques, les atermoiements, les transactions avec le mal grèvent l'avenir. La simplicité le décharge, le délivre, le libère. Elle est l'habileté suprême, la politique par excellence. Le bien mène après lui sa récompense, l'*à peu près* son châtiment. *Justice is the best policy!* la justice est la meilleure politique! disait en présidant un meeting, en 1839, le duc de Sussex, oncle de la reine d'Angleterre : et il disait cela au sujet de l'Europe en regard de la Pologne. Il est juste que la Pologne soit rétablie dans son intégrité, dans son activité européenne, et si on traverse la cuirasse du Czar pour aller jusqu'à sa conscience, il en conviendra. Or, ce qui est juste est réclamé par l'intérêt éclatant de l'Europe. La politique, l'habileté, la prévoyance somment l'Europe de profiter des admirables dispositions de la Pologne, et de relever cette barrière qui, toute abattue et toute par terre qu'elle soit, arrête encore et fait trébucher la Russie.

M. de Talleyrand, qui représentait à Vienne la France en 1815, n'était pas une conscience très-pure. Cependant, l'esprit était chez lui moins corrompu que la conduite, et la théorie avait gardé, même chez lui, quelques lumineuses retraites. M. de Talleyrand, que nous ne croyons pas calomnier en supposant qu'il eût été fort capable, dans l'occasion, de contresigner le partage de la Pologne, eut cependant assez de clairvoyance pour lire le devoir à la lueur de l'intérêt, et il écrivit à M. de Metternich que la question de Pologne était regardée par Louis XVIII comme la question *la plus éminemment européenne*. Aujourd'hui, M. de Talleyrand conseillerait à l'Europe de regarder attentivement ce qui se passe sous nos yeux. Trois puissances possèdent la Pologne. L'une, la Russie, égorge, massacre, pille, brûle, assassine, et ne désavoue pas le colonel Emanoff, dont une correspondance de Varsovie, publiée dans *le Monde*, a raconté les atrocités — et tant d'autres. Mais tant que la Russie agissait seule, la cause de la Pologne semblait n'intéresser que la justice et la générosité, dont les politiques n'ont pas toujours le sens très-fin. La Prusse, avec une précipitation remarquable et opportune, est venue montrer qu'ici comme toujours, la justice et la générosité cachaient un intérêt de premier ordre. Par sa convention avec la Russie, elle a mis une certaine affectation à constater une chose depuis longtemps claire pour ceux qui réfléchissent : le caractère européen de la question polonaise. Elle a été le signe grossier de cette vérité qui, à ce qu'il paraît, était trop délicate pour être aperçue de tous les yeux avant l'intervention un peu lourde de la Prusse. Il est vrai que la convention du 8 février est niée obstinément. Mais la Prusse agit en vertu de cette convention sous-entendue, et envoie des troupes dans le grand-duché de Posen. La troisième puissance, l'Autriche, semble favorable à la Pologne. Si, plus clairvoyante que la Prusse, elle sent que la Pologne manque entre elle et la Russie, si elle croit que son intérêt lui conseille d'avoir enfin des remords, qu'elle se déclare hautement, et l'histoire lui tiendra compte de cette réparation tardive !

L'Europe ne peut pas permettre que de nouveau la Russie et la Prusse égorgent la Pologne pour la punir de ressusciter. Ce n'est plus un fait accompli, comme on dit quelquefois ; ce n'est plus le vieux crime suivant sa marche et obéissant à la vieille impulsion. C'est un crime nouveau, un crime daté d'aujourd'hui : c'est un crime qui recommence et qui recommencera toujours, tant que la réparation n'aura pas rendu absolument son renouvellement impossible. Quand on a assassiné une nation chrétienne, on n'en est pas quitte pour une fois, et on n'a pas même le temps de se laver les mains. La nation ressuscite, il faut l'assassiner une seconde fois. Elle ressuscite encore, il faut l'assassiner une troisième fois. Elle ressuscite toujours, il faut l'assassiner toujours. Cela peut durer jusqu'à la fin des siècles, à moins que la justice de Dieu n'éclate par la justice des hommes.

L'Angleterre a eu un moment la gloire devant elle, la vraie gloire, la gloire solide comme le diamant, et pure comme le feu. Se déclarer la protectrice de la Pologne, étonner l'orgueil de la Russie et la maladresse de la Prusse par une action concertée avec la France, quel honneur, et que cela était facile ! Certes, la protection de l'Angleterre étendue sur la Pologne eût pesé d'un grand poids en faveur de l'Angleterre dans la balance des justices de Dieu. Qui sait si la miséricorde ne lui offrait pas en ce moment l'occasion de conjurer les malheurs terribles que l'œil des clairvoyants aperçoit suspendus sur elle, et de les convertir en lumières et en grâces assez victorieuses pour la ramener doucement dans la grande unité qui a besoin d'elle !

Mais lord Palmerston a étouffé le débat en demandant qu'on lui laissât la *liberté de l'action*. Le noble lord a sans doute voulu dire : la liberté de l'inaction.

La défection de l'Angleterre semble un fait consommé. La rhétorique filandreuse de lord Palmerston a satisfait le parlement d'Angleterre.

Qu'importe ! la France est la conscience de l'Europe.

Si la France était condamnée à s'ébranler seule pour la défense de la justice, elle n'en devrait pas moins tirer l'épée, et Dieu serait avec elle.

Un mot de la France, et toute la Pologne électrisée se lève tout entière, comme un seul homme !

Un mot de la France, et les trois Polognes, répondant au même appel, se rejoignent sous le même drapeau.

Quelle alliée ! quelle incomparable alliée !

Les alliances diplomatiques sont menacées par la trahison, qui semble toujours sous-entendue. Ce sont là les alliances du vieux monde. L'alliance polonaise n'aurait pas cet inconvénient.

Les martyrs ne trahissent pas.

VIII

Il faut que l'Europe se repente et rétablisse la Pologne. Il faut que la Pologne reconquière la souveraineté que Dieu a mise en elle, et puisse en user pour préserver ses enfants. Assez longtemps le bureaucrate allemand et le fouet du Cosaque ont gouverné cette grande nation : assez longtemps le canon russe a stationné sur les places publiques de Varsovie, comme une menace pour l'Occident tout entier, pour l'Occident endormi. Il est temps que les églises de Varsovie ne soient plus exposées à la fureur sacrilége de ces hordes que la Russie a déchaînées tant de fois sur nos frères agenouillés. Nous avons été demander raison à la Cochinchine, et nous laisserions le Czar impuni! Tant que la Russie aura un pied en Pologne, tout sera possible. Il faut ignorer bien profondément le caractère *asiatique* du gouvernement de Saint-Pétersbourg pour concevoir des illusions. La ruse et la férocité se combinent dans ses conseils. Un jour, la politique russe a l'air de s'attendrir: elle se fait mielleuse, sentimentale, déclamatoire, et elle est toute prête à s'indigner contre ses propres excès. Elle promet tout ce qu'on lui demande, plus qu'on ne lui demande. Elle a l'air de *prendre l'initiative*. Elle va au-devant des réclamations prévues, et promet d'y faire droit surabondamment Mais le diplomate qui s'est présenté seul pour se faire écouter, a laissé le Cosaque à la porte. Attendez! Laissez mûrir les fruits de votre confiance. Laissez venir le moment où les phrases disparaissent, où la rhétorique n'est plus de mise, et voyez la Russie, non plus en face d'un tapis vert, mais en face d'un peuple affamé de son droit. Le diplomate se croise les bras : c'est le tour du Cosaque. La guerre d'extermination commence. Elle n'épargne ni les femmes, ni les enfants, ni les vieillards, ni les prêtres. Le diplomate lui-même se laisse gagner par la fureur aveugle dont il voudrait seulement, s'il était possible, jouir et profiter. Nous avons vu le gouvernement de Varsovie, reniant toute précaution oratoire, déclarer que dans la répression du soulèvement actuel, il ne reculera *devant aucun moyen*. Ainsi parle, en face des hordes qu'il ne *veut* ni ne *peut* contenir, ce gouvernement qui déplore avec onction les excès commis, et qui les provoque! Avoir confiance en lui, ce serait devenir son complice.

Redisons d'ailleurs que la Pologne a une histoire, une mission, une place principale à prendre dans les destinées européennes. Un illustre et persévérant défenseur de la cause polonaise, M. le comte de Montalembert, a donc mis en avant une idée tout à fait inadmissible quand il a supposé que la Pologne pourrait accepter de la Russie, devenue parlementaire, la situation que l'Écosse a accepté de l'Angleterre. Il n'y a pas d'analogie. Une tribune à Saint-Pétersbourg, une tribune florissant à l'ombre du Czar, ne rendrait pas à la Pologne son initiative indépendante, sa politique étrangère, et n'enlèverait pas au Czar, par exemple, la faculté d'enrôler la Pologne sous ses drapeaux, et de la convier à sa suite à la conquête de Constantinople. La Pologne refuserait de marcher. Mais l'éventualité doit être prévenue, écartée. A l'heure où se posera la question d'Orient, il convient que la Pologne soit souveraine, maîtresse de prendre la décision conforme à sa nature, libre de combattre avec nous contre les deux ennemis de l'Orient, la Turquie et la Russie.

La souveraineté politique est nécessaire à la Pologne pour préserver la sécurité de ses enfants.

La souveraineté politique est nécessaire à la Pologne pour préserver la sécurité de l'Europe.

Entre l'Écosse, province naturelle de l'Angleterre, poussée vers l'Angleterre par la géographie et par l'histoire, et la Pologne, boulevard naturel et nécessaire de l'Europe, il n'y a aucune parité.

L'idée émise (en passant d'ailleurs et comme *pis-aller*) par M. le comte de Montalembert n'est donc pas en rapport avec la grandeur de la cause qu'il a si constamment et si brillamment défendue.

On peut se passer de l'Écosse : on ne peut pas se passer de la Pologne.

L'Europe est mutilée, et si l'Europe n'en sait rien, c'est que l'Europe est endormie. Dès qu'elle sera réveillée, l'Europe sentira qu'il lui manque une nation.

Et il lui manque une nation particulièrement *indispensable!*

Il lui manque une nation qui avait pour tradition de s'oublier elle-même, de penser avant tout aux intérêts généraux, aux intérêts européens!

L'avenir est impossible sans la Pologne.

Elle est la nation *dévouée* par excellence. Son type, c'est le sacrifice. Elle est en croix. Quand nous l'aurons détachée de la croix où trois nations chrétiennes l'ont clouée, elle ne cessera pas d'être victime. Son sacrifice prendra une autre forme. Le Polonais ne perdra pas, quand la Pologne renaîtra, cette facilité à donner son sang, qui fait de la Pologne l'avant-garde naturelle de la chrétienté. L'Europe aura besoin de la Pologne: la Pologne ira en avant. Il est impossible, sans la Pologne, de conquérir le monde païen. Ce n'est pas à nous de verser le sang précieux et européen de la Pologne, ou de le laisser verser. Elle doit le répandre à nos côtés, sur les champs de bataille, où le Dieu des Armées n'a pas cessé d'attendre les Croisés. J'apprends tous les matins que les Polonais versent leur sang, et j'entends de toutes parts des paroles de compassion. Mais quelque chose de plus haut est ici nécessaire. La Pologne a dépassé la zone de la pitié : pour être à la hauteur de la Pologne, il faut que la pitié s'élève jusqu'à l'intelligence. Pour plaindre dignement la Pologne, il faut plaindre à son propos la chrétienté tout entière, arrêtée dans son essor par l'absence de la Pologne. Elle est faite pour verser son sang : mais il faut qu'elle le verse ailleurs que dans ses églises profanées, ailleurs que dans ses campagnes ravagées. C'est en un sens du sang perdu. Ce sang nous sauve, et rachète notre séculaire indifférence. Mais profitons des mérites que contient ce sang pour réparer cette indifférence, et ce sang pourra être employé à la conquête du monde.

Ce n'était pas l'amour-propre national, c'était l'amour universel, l'amour de la chrétienté, le dévoûment à la Chrétienté, qui animait Henri, fils de sainte Hedwidge, quand il refusa d'obéir aux Tartares, et, à la tête de ses chevaliers, alla chercher une mort certaine pour arrêter la horde de Batu-Khan. Tous les collégiens savent le nom de Léonidas, parce qu'il est mort pour Lacédémone, et parce que Lacédémone, aux yeux des collégiens de tout âge, est plus que la Chrétienté. Mais Henri, fils de sainte Hedwidge, ne défendait pas seulement la patrie, il défendait l'Europe, c'est-à-dire le monde civilisé, le monde chrétien. Placé par l'histoire et la géographie à l'avant-garde européenne, il savait que le devoir du Polonais est de se faire tuer le premier pour l'oriflamme européenne.

A la fin du XVIIIe siècle, au moment où la déesse Raison allait monter sur l'autel de Notre-Dame, « la Pologne basait sa « régénération sur la confession de sa foi, en insérant comme « article fondamental à sa constitution du 3 mai 1791 que la « religion catholique demeurerait *à jamais* religion de l'État. » L'écrivain d'après lequel M. Henri Lasserre (1) cite les faits qui précèdent, conclut en ces termes.

« Le dévoûment à l'Église a toujours été le but hautement avoué de l'existence de la nation, sa raison d'être dans la conscience publique. Cela s'appelait vulgairement *stuzyé chrzescianstion*, servir la chrétienté, et se pratiquait dans la direction de la politique extérieure, la Pologne regardant comme un saint devoir de se poser en barrière infranchissable contre le mahométisme et contre le schisme. La noblesse, si ombrageuse, si impatiente du moindre joug, s'inclinait cependant avec amour sous la houlette du pasteur des pasteurs ; les démêlés hostiles avec le saint-siége, qui semblent l'histoire des autres peuples, n'eurent jamais lieu en Pologne, car les velléités d'usurpations sur les droits de l'Église de quelques-uns de ses rois, ou d'orgueilleuse révolte de quelque parti gangréné par les idées de l'Occident, étaient bientôt réduites à néant par le poids de l'opinion générale. Organisée dès l'origine par les évêques, auxquels elle dut sa civilisation primitive, sur le principe de *fidélité active* envers l'Église, la Pologne ne s'en écarta jamais. »

Fidélité active envers l'Eglise. Retenons ces mots, qui résument sa politique entière. Retenons également ces autres mots : *Servir la chrétienté;* ils sont synonymes des premiers.

S'il était possible de douter de la Pologne, de son avenir et de sa résurrection, il suffirait de considérer l'époque où la Pologne disparut de la carte européenne. La Pologne fut écrasée

(1) *La Pologne et la catholicité*, p. 18.

au XVIIIe siècle. Mourir au XVIIIe siècle, ce n'est pas mourir. La résurrection est promise à tout ce qui meurt sous le règne des ennemis de Dieu. Voltaire, en applaudissant au partage de la Pologne, lui a donné des gages d'immortalité. Dieu aime ce que Voltaire déteste. Aujourd'hui, Proudhon est fidèle à la tradition de Voltaire, à son mot d'ordre. Quelle raison particulière Proudhon peut-il avoir d'exécrer la Pologne? Que lui a fait ce peuple? Ne demandez pas la raison particulière que Proudhon peut avoir de haïr la Pologne. Il a une raison générale. Ennemi universel, ennemi de Dieu et de l'homme, il déteste la Pologne parce qu'il déteste Dieu, et parce que la Pologne est fidèle à Dieu.

Proudhon a écrit ces lignes, citées par M. Henri Lasserre : « La Pologne *est le dernier* et le plus solide boulevard du catholicisme, et à ce titre, si elle existait encore comme nation, il la faudrait supprimer.

Voilà comment la Révolution, quand elle est logique, parle de la Pologne. Proudhon n'est pas sentimental. Il n'a ni la vraie compassion ni la fausse. Il ne veut pas de nations chrétiennes, et il le dit. Par décret de Proudhon, les nations chrétiennes sont condamnées à mort. En ce qui touche la Pologne, le Czar est chargé de l'exécution du présent décret. Mais le bourreau a devancé le juge. Le Czar a deviné les désirs de Proudhon. Cependant, la Pologne inquiète Proudhon, comme elle inquiète le Czar. La phrase de Proudhon se contredit elle-même. Elle est marquée du signe ordinaire de l'erreur : la contradiction. Avant de constater que la Pologne n'existe plus comme nation, Proudhon déclare qu'elle *est* le boulevard du catholicisme. Il ne sait ce qu'il dit. Il ne sait plus au juste si la Pologne est ou n'est pas. Il voudrait que sa mort légale fut une mort réelle. Il voudrait être sûr du crime qu'il approuve et consacre. Il a peur que ce crime ne soit qu'un fantôme.

Il voit encore la Pologne, qu'il voudrait ne plus voir. Il tremble devant elle. L'assassinat qu'il approuve ne lui ôte pas la crainte. Il croit à l'immortalité de sa victime.

Pourquoi refuserions-nous à la Pologne la justice qu'elle demande?

Est-ce parce qu'elle n'a pas, comme l'Italie, sacrifié à la Révolution, à ses pompes et à ses œuvres?

Est-ce parce qu'elle est *pure?*

N'avons-nous pas de pitié pour ce peuple *innocent?*

La Pologne a confiance en Dieu : est-ce donc une raison pour que l'homme l'abandonne?

J'appelle le regard sur la nature de la réclamation qu'elle nous adresse, sur la nature de ses *sommations*.

Elle se fait tuer.

Voilà sa manière de se rappeler à notre souvenir.

En effet, les nations n'ont qu'une manière de communiquer entre elles. C'est de faire acte de souveraineté. Les relations internationales supposent le contact direct ou indirect de deux souverainetés. Or, la Pologne a perdu sa souveraineté politique. Pour garder son rang, elle a dû s'enfoncer plus avant dans la souveraineté morale. Ayant perdu la souveraineté *évidente*, elle a dû se réfugier dans la souveraineté *mystérieuse*.

Quand la Pologne veut envoyer à l'Europe des ambassadeurs, elle suscite des martyrs.

Et il faut bien que l'Europe donne *audience* aux martyrs. Elle le fait en ce moment.

Quand la Pologne court le risque d'être oubliée, Dieu, qui veille sur elle, lui communique une puissance visiblement surnaturelle de sacrifice. Elle court au feu : elle donne son sang. L'Europe alors tourne les yeux, et la couronne apparaît sur le front de la Pologne.

J'insiste à dessein sur ce côté de la question. La Pologne est souveraine de sa nature : ainsi l'ont faite Dieu et l'histoire. Cela donne la mesure des réparations nécessaires. Tant que la Pologne ne sera pas rétablie dans son intégrité et dans sa souveraineté, le crime du XVIIIe siècle aura raison. Il n'y a rien de plus insultant, en face d'un souverain détrôné, qu'une pitié d'un certain genre. Un souverain n'est pas un homme comme un autre : il est sacré. Si vous le plaignez comme vous plaindriez un particulier, vous manquez de respect à sa couronne brisée. Vous devez croire que ses douleurs sont royales. Si vous ne pouvez pas vous élever à cette hauteur, épargnez-lui une pitié qui le découronnerait. Quand Louis XVI comparut devant la Convention, il y en eut parmi ses ennemis qui voulurent sauver sa vie : ils n'y parvinrent pas. Je vais plus loin : ils ne parvinrent pas à essayer. Cette pitié-là était un crime de lèse-majesté. Elle fut paralysée, impuissante. Les Girondins n'eurent pas le courage de voter contre la mort de l'*homme* : et cela devait être, parce qu'ils ne songèrent pas à voter contre la mort du *roi*. Leur pitié n'était pas à la hauteur de la circonstance : la circonstance eut le dessus, et les Girondins envoyèrent Louis XVI à l'échafaud. De même, Marie-Thérèse, impératrice d'Autriche, eut pitié de la Pologne. Mais elle ne fit que pleurer, et ne protesta qu'au nom des *droits de l'humanité*. Elle devait finit par céder. Sa signature peut se lire au bas du traité de partage. Elle n'eut pas une pitié de souveraine. Que la pitié de Marie-Thérèse rejoigne dans l'histoire la pitié des Girondins ! Avant tout, que Dieu nous préserve de revoir des larmes qui vont de pair avec le crime ! Avant tout, que Dieu nous préserve des larmes du XVIIIe siècle ! Les larmes du XIXe siècle doivent être fécondes.

Nous avons devant nous les Jacobins, puisque nous avons devant nous la Russie. Ne soyons pas des Girondins. Que notre pitié tienne compte de la souveraineté de la victime !

Ne lésons pas la majesté de la Pologne.

IX

L'occasion est admirable. Sera-t-elle saisie ? Je me garde bien de l'affirmer. Je dis ce qui doit être, ce qui sera tôt ou tard. Je demande que ce qui doit être soit *immédiatement*.

Je ne traite pas d'ailleurs la question militaire. Mais il est clair que 60,000 hommes engagés dans cette grande guerre (soit 25,000 du côté de la mer Noire, 35,000 du côté de la Baltique) suffiraient et au delà pour rendre la Russie impuissante en Pologne.

Et je défie qui que ce soit de nous opposer un obstacle sérieux ! Les gouvernements qui voudraient nous arrêter seraient paralysés par leurs peuples. Nous serions invincibles.

Il y a deux politiques, la grande et la petite. La petite politique élude les questions : la grande politique les tranche. Or la justice est le glaive avec lequel on coupe le nœud gordien.

Celui qui sert la justice est soulevé, aidé, emporté, couronné, par des alliés invincibles et tout puissants. La petite politique cherche à faire la part de l'iniquité et celle de la réparation. Telle fut la politique de l'Europe en 1815. La grande politique marche à la lueur des principes : elle a confiance, et son audace est une sagesse supérieure qui s'appuie sur les lois générales du monde. Elle a des intuitions. Elle fonde, elle découvre, elle inaugure. En face de la Pologne, la petite politique est parfaitement représentée par le *Journal des Débats*. Dans son numéro du 1er mars, ce journal publie un article dans lequel M. Saint-Marc Girardin, après avoir complimenté le grand-duc Constantin, demande si nous allons voir *la destruction de la Pologne par la Russie ou de la Russie par la Pologne*. Et il ajoute avec profondeur : « Les choses humaines résistent en « général à ces extrémités fatales ; elles comportent je ne sais « combien de degrés intermédiaires, et les individus et les na- « tions sont forcées de s'arrêter sur ces degrés ; la nécessité leur « impose cette obligation, l'humanité la leur conseille. Nous ne « croyons donc pas à l'impossibilité des transactions et des mé- « diations entre la Pologne et la Russie ; nous sommes persuadés « que, d'une part, les sentiments nationaux n'y répugnent pas, « et que, d'autre part, l'intérêt de l'Europe exige impérieuse- « ment cette transaction ou cette médiation. » Paroles merveilleuses ! Il y a en effet beaucoup de *degrés intermédiaires* entre la vie et la mort : il y a beaucoup de maladies. M. Saint-Marc Girardin, qui est ami de la Pologne, ne lui souhaite pas la mort. Mais il lui souhaite une maladie : par exemple, la vice-royauté du grand-duc Constantin. Il est vrai que M. Saint-Marc Girardin écrit dans un journal qui pourrait s'appeler le journal des *Degrés intermédiaires*. Ce grave journal en a découvert un grand nombre entre l'athéisme et la croyance en Dieu ! La grande politique est trop *prudente*, trop *sage*, pour s'arrêter dans l'*à-peu-près*. Elle a le regard perçant : elle atteint le fond des choses. Elle voit les obstacles : elle les voit pour les conjurer. Mais avant de voir les obstacles elle voit le but. Elle condamne les obstacles à être transparents, à laisser voir le but. C'est une première victoire qui garantit l'autre. La petite politique voit l'obstacle, mais ne voit que lui. Elle est vaincue d'avance. La grande politique est souvent accusée par la petite de folie et d'excès ; la petite politique lui parle comme le Czar parle à la Pologne. Elle lui dit : *Pas de rêverie!* La grande politique n'écoute pas. Elle sent l'avenir avec elle.

Avouons-le, les journaux révolutionnaires, tels que le *Siècle* et *l'Opinion nationale*, ont donné en cette occasion comme en plusieurs autres, de bonnes et vigoureuses leçons aux *soi-disants* conservateurs. Le langage de M. Adolphe Guéroult dans *l'Opinion nationale*, et de M. Henri Martin dans le *Siècle*, a contrasté honorablement avec le ton précieux et inconséquent du *Journal des Débats*. Rien de plus naturel. Le *Journal des Débats* ne représente rien : il a pour but et pour essence de ne dire ni *oui* ni *non*. Les journaux révolutionnaires représentent une idée : ils représentent la réaction, aveugle, mais remarquable, contre la domination intellectuelle et politique de l'*esprit bourgeois*. Ils sont donc une force, et souvent une lumière. Ils sont en guerre avec le vieux monde, avec l'*ancien* régime. Les catholiques sont exactement dans la même situation ; voilà pourquoi, assurés de ne rien trouver dans le *Journal des Débats*, ils trouvent quelquefois dans *le Siècle* et dans *l'Opinion nationale* une parole vivante et brusque. Les révolutionnaires valent souvent mieux que la révolution. La révolution est infernale, satanique, et déclare, par la bouche de Proudhon, la haine qu'elle porte à la Pologne. Mais les révolutionnaires ont de bienheureuses inconséquences. Ils sont travaillés par le vague pressentiment du monde nouveau.

M. Saint-Marc Girardin, après avoir dit les belles choses que j'ai citées plus haut, s'écrie :

« La force a fait en Pologne tout ce qu'elle peut et tout ce « qu'elle sait faire. L'impuissance de la force est prouvée par « l'inutilité de ses victoires. Il faut donc essayer d'autre chose, « de la justice par exemple. » L'honorable professeur devrait dire : *de l'injustice par exemple*. Car il ne propose que des demi-mesures. Le *oui* et le *non* dans le même article, voilà les *traditions* du *Journal des Débats!* C'est pourquoi j'éprouve un soulagement en entendant M. Adolphe Guéroult déclarer que la *vieille Europe* est condamnée par ce qui se passe en Pologne, ou M. Henri Martin dire qu'il faut choisir entre la *petite solution*, c'est-à-dire la demi-réparation, et la *grande solution*, c'est-à-dire le rétablissement de la Pologne de **1772**.

M. Saint-Marc Girardin, en défendant la Pologne, a tenu à plaider, en faveur de Voltaire, les circonstances atténuantes. Il déclare qu'on a *trop accusé* Voltaire d'être russe. J'engage M. Saint-Marc Girardin à lire une brochure publiée il y a quelques années, et intitulée : *Voltaire complice et apologiste du partage de la Pologne, par M. Romain-Cornut.* Cette brochure complétera heureusement l'éducation de l'honorable professeur.

M. Saint-Marc Girardin conclut en engageant l'Empereur Alexandre II à faire de larges concessions, moyenannt quoi la Pologne reconnaissante lui servirait d'alliée en Orient, *surtout* si la Russie *ne prétendait dans la Turquie d'Europe qu'à la délivrance des chrétiens en Orient*, c'est-à-dire *surtout* si la Russie ne prétendait pas à la conquête de Constantinople, qui est le but avoué et séculaire de sa politique.

Le rôle du publiciste n'étant pas d'obscurcir les questions, mais de les éclairer, le devoir de la parole étant, comme l'a fort bien montré M. Henri Martin, de devancer et de secouer la diplomatie en affirmant ce qui doit être, je crois inutile de discuter plus longtemps les contradictions du *Journal des Débats*, qui croit demander la *grande réparation* (textuel), mais qui par malheur ne sait pas la distinguer de la petite.

Avant tout, il faut savoir ce que l'on veut. Désire-t-on que l'assassinat de la Pologne continue indéfiniment? En ce cas, il faut se confier au Czar. Au congrès de Paris, le comte Orloff a demandé que la question fut écartée : elle a été écartée, et le congrès, oubliant le Czar, a fait au Pape des remontrances. Qu'est-il résulté du silence gardé sur la Pologne par le congrès de Paris? La violation des églises, le massacre d'un peuple qui chantait, la condamnation à mort de ce prélat fidèle à qui le Czar a cru faire grâce en l'envoyant en Sibérie, les déportations, et finalement la conscription Wielopowski. Veut-on que cela dure indéfiniment? L'opinion tout entière demande que cela cesse. L'opinion se réveille: elle sent peser le crime du XVIIIe siècle. Elle veut être *délivrée* en même temps que la Pologne. Mais il faut que la réparation soit au niveau du crime. Il faut que la réparation, pour être sérieuse, embrasse, non pas seulement la Pologne gouvernée par la Russie, mais toute la Pologne. Autrement, nous sanctionnons, nous renouvelons le fait du partage. Ce que demande la

Pologne, c'est l'unité de la patrie. Qui dit *Nationalité*, dit : *Unité de la patrie*. Déclarons hardiment que nous comptons la Pologne au nombre des nations. Proclamons-la ! Déclarons nul et non avenu le crime du XVIIIe siècle. Les notions morales sont ébranlées. Nous distinguons à peine le bien et le mal. Nous avons pris l'habitude de dire *oui* et *non* sur toutes les questions. La contradiction gouverne le monde. Saisissons cette magnifique occasion de raffermir la conscience publique et l'intelligence publique ébranlées.

Introduisons dans l'assemblée des nations cette nation incorruptible, qui sait ce que c'est que la justice, et qui sera chargée de veiller à l'avenir sur l'innocence européenne. Il faut que la Pologne resplendisse au milieu des nations, pour leur raconter ses souffrances, rafraichir leur conscience, et leur dire le nom des attentats qu'elle a subis, afin d'écarter de nous les tentations et de nous rendre dignes de nos destinées. Dégageons-nous de toute solidarité avec le crime.

A propos de la convention, conclue le 8 février entre la Russie et la Prusse, on a discuté longuement pour savoir si la question allait devenir une question européenne, comme s'il était nécessaire que la Prusse intervienne pour qu'une question soit européenne ! Comment ! est-ce que toute question de justice n'est pas une question européenne ! Pas de subtilités. Allons droit au crime, et annulons-le. Annuler le crime ! quelle gloire ! L'Europe en ce moment ressemble à lady Macbeth. La tache de sang est toujours là. L'Europe est troublée dans son sommeil. Elle s'étonne de voir reparaître la tache de sang. Elle dirait volontiers avec lady Macbeth : *Je ne croyais pas que ce vieillard eût tant de sang*. Seulement, ici, la réparation est possible. L'époux de lady Macbeth ne voit que le spectre de Banquo : il ne voit que la Fatalité. Nous, au contraire, nous voyons reparaître, non pas le spectre de la Pologne, mais la figure glorieuse de la nation vivante, conduite par la Miséricorde.

Les parchemins du traité de Vienne, déjà déchirés par la Russie, la Prusse et l'Autriche, sont brûlés en ce moment par la flamme polonaise.

Allons en avant.

Marchons résolûment vers l'avenir.

Nous n'avons pas le droit de délibérer.

La réparation du partage de la Pologne n'est pas une affaire de luxe.

Le traité de Vienne a dit *oui* et *non*.

Il a dit *oui* en proclamant la nationalité polonaise.

Il a dit *non* en renouvelant le fait du partage.

Il faut choisir.

Personne en France ne veut qu'on dise : *non*.

J'en conclus qu'il faut dire : *oui*.

Nous sommes nés dans un crime que nous n'avons pas encore expié. Nous sommes nés solidaires de l'assassinat d'une nation chrétienne. Quand nous avons interrogé l'histoire, elle nous a parlé d'un homme qui s'appelait Jean Sobieski, et qui était roi de Pologne : elle nous l'a montré sous les murs de Vienne délivrée, elle nous a fait voir les Ottomans brisés par lui. Et quand nous avons demandé à l'histoire la suite, l'histoire nous a montré, au siècle suivant, Frédéric, Catherine et Marie-Thérèse partageant la Pologne. Nous avons regardé la carte d'Europe, et nous l'avons vue condamnée à mentir, condamnée à taire l'existence d'un peuple. C'est une trahison dont nous sommes solidaires. Pour ma part, je serai honteux d'être né en Europe, tant que la Pologne n'aura pas soulagé par sa résurrection ma conscience européenne : je serai honteux d'être né au XIXe siècle, tant que je n'aurai pas vu l'attentat du XVIIIe siècle réparé avec splendeur.

D'où vient cette honte ? Du souvenir de ce que l'Europe devrait être, du souvenir de ce que le XIXe siècle devrait être.

L'Europe est le *continent* par excellence. L'Europe a des destinées qui n'appartiennent qu'à elle ; l'Europe a le dépôt des nations chrétiennes. C'est l'Europe qui, même en dehors de ses limites, comme en Amérique, fait (plus ou moins bien) les nations chrétiennes. Les nations américaines sont européennes par leurs défauts aussi bien que par leurs qualités, par leurs vices aussi bien que par leurs vertus. L'Europe *contient* : l'Europe doit conserver et répandre la civilisation. L'Europe s'est révélée au monde le jour où Constantin (dont le nom providentiel exprime la constance, la consistance) posa Constantinople, qui devrait être la consistance commune de l'Occident et de l'Orient. Tout, dans le caractère européen, indique le devoir et la mission de contenir inviolablement, et de répandre au dehors, certaines formes de la civilisation : et ces formes, ce sont les nations. Or, les nations européennes semblent blessées d'une blessure invisible. Le regard découvre en elles je ne sais quoi de flasque et d'effacé. Les physionomies nationales se perdent comme les physionomies individuelles. Serait-ce qne les nations européennes, en tolérant l'assassinat de l'une d'entre elles, ont subi le contre-coup invisible de l'attentat qu'elles pouvaient, et qu'en tout cas elles devaient empêcher? Serait-ce que toute l'Europe a été atteinte par le partage de la Pologne, et dans un sens beaucoup plus profond, beaucoup plus mystérieux que je n'ai pu le dire? Serait-ce que les nations européennes ne peuvent reprendre leur éclat et leur physionomie qu'après s'être dégagées de leur complicité avec le meurtre de l'une d'elles? Si je m'éveillais pour la première fois dans cetté vieille Europe, il me semble qu'à la première vue je serais frappé de quelque chose d'obscur et de flétri qui couvre les nations européennes. Elles n'ont pas l'allure franche et libre qu'elles devraient avoir. Evidemment ces nations-là ont quelque chose sur la conscience. L'Europe baisse la tête sous le poids d'un remords.

Le XIXe siècle a faim et soif de justice. Il vise à l'absolu, il vise en haut. C'est sa marque, sa gloire. Mais le XIXe siècle s'avance : il se fait vieux. Et comme il est en retard! Voilà déjà 1863, et le crime du XVIIIe siècle n'est pas encore réparé. Voltaire applaudit encore du fond de sa tombe à la ruine de la Pologne : les faits lui donnent raison. Il me semble que la première année du XIXe siècle aurait dû avertir les hommes de la nécessité de relever la Pologne. Il est presque dans l'ordre que la Pologne meure au XVIIIe siècle : la Pologne et Voltaire ne peuvent pas respirer le même air. L'apparition d'un homme tel que Voltaire a pour pendant naturel la disparition d'un peuple tel que la Pologne. Entre Voltaire et la Pologne, il faut qu'un siècle opte! Mais le XIXe siècle a des désirs, des aspirations, des élans, qui demandent à la Pologne de renaître. A son réveil, le XIXe siècle a parlé de l'affranchir, de la ressusciter, et l'homme qui le premier représenta le XIXe siècle, l'homme qui aurait pu, s'il eût voulu, le fixer dans la gloire, dans une gloire féconde, dans la sécurité de la magnificence, Napoléon Ier a pensé d'une manière particulière à la Pologne. Il s'est repenti à Sainte-Hélène d'avoir manqué l'occasion. Et voilà déjà 1863 ! Le XIXe siècle traine encore le crime du XVIIIe siècle. Voltaire croit dans sa tombe que le XIXe siècle passera sans finir le XVIIIe siècle ! Il ricane : il se moque de la gloire à laquelle nous étions conviés, et que nous avons été jusqu'à ce jour, malgré nos aspirations, incapables d'atteindre.

La déchéance de l'Europe et la déchéance du XIXe siècle sont tristes à voir. L'Europe qui devait contenir, comme un vase inviolable, toutes les *nations*, ne contient plus la Pologne. Le XIXe siècle, qui devrait proclamer la justice absolue et la faire obéir, s'use dans les demi-mesures, dans les complications, dans les atermoiements, dans l'*à-peu-près*.

L'Europe perd son aspect *continental :* L'Europe manque d'intégrité, de fermeté.

Le XIXe siècle perd l'aspect grandiose qu'il aurait pu avoir. Il devient un siècle médiocre.

La question de Pologne est grave : il s'agit de l'intégrité de l'Europe et de la grandeur du XIXe siècle.

Le rétablissement de la Pologne, c'est la guerre peut-être.

Mais à coup sûr, c'est la paix.

C'est la guerre *peut-être*. C'est la guerre, si une parole de la France ne suffit pas pour électriser la Pologne jusqu'à la victoire, et au delà !

Mais *à coup sûr*, c'est la paix. Car la paix, dit Saint-Augustin, est la *tranquillité de l'ordre*.

La Pologne rétablie et souveraine, ce serait *l'ordre à Varsovie*.

Ce serait aussi l'ordre en Europe.

On parle souvent de la *force des choses*. Mais on ne la considère en général que comme une force contraire, ennemie, comme un obstacle, comme une expression de la fatalité. Déclarons-nous les alliés de la Pologne, et la *force des choses* sera pour nous l'instrument lumineux de la miséricorde.

En prenant parti pour une nation chrétienne, on a pour allié le bon sens.

Une nation n'est pas le résultat du hasard qui d'ailleurs n'existe pas.

Une nation ne résulte jamais ni d'une délibération, ni même d'une invasion. L'invasion peut apporter un élément : la forme nationale vient de plus haut. La nation s'élève, en vertu des lois générales de la vie. La matière d'une nation est visible sur le sol humain. Mais la forme échappe à l'analyse, et ne peut être découverte que par le regard synthétique, dans la clarté des lois générales, des lois divines. La matière des peuples européens est la masse confuse que montre l'histoire : Romains et barbares. Mais cette matière indifférente, banale, a reçu là une forme, ici une forme, et ces formes sont distinctes, précises, déterminées, saillantes : les angles des nations se touchent sans pouvoir se confondre, et, tant que l'ordre n'est pas violé par la confusion volontaire, leurs physionomies sont sous la garde de Celui qui a voulu les espèces, qui veille sur leur pureté, sur leur intégrité. Celui qui veille sur la création veille sur la Pologne.

L'histoire naturelle proclame la perpétuité des espèces, leur réalité, leur résistance aux mélanges, leur horreur de l'impureté. De même l'histoire politique proclame la perpétuité des nations, leur réalité, leur résistance aux mélanges, leur horreur de l'impureté.

L'Empereur Napoléon III est un Souverain qui a *médité*. Cette condition excellente doit permettre à l'Empereur Napoléon III de tenir compte des ressources *organiques* que donnent les lois générales de l'univers beaucoup plus que des ressources *mécaniques* sur lesquelles le vieux monde semblait compter exclusivement.

Le vieux monde est à bout, a dit un jour l'Empereur Napoléon III. Or, le vieux monde, c'est le monde de l'iniquité. Celui qui définit une situation en est le maître. Puisque l'Empereur Napoléon III a condamné le *vieux monde*, il faut qu'il inaugure le monde nouveau, c'est-à-dire le monde de la justice et de la réparation.

Si la guerre éclatait à la suite de la parole que nous demandons à l'Empereur Napoléon III de prononcer du haut de son trône, cette guerre serait l'expression de la Gloire Militaire par excellence.

La gloire conquise par la réparation donnerait à l'Europe plus que le pardon qui lui est nécessaire.

La miséricorde d'ailleurs serait ici pour tout le monde, et la Russie est peut-être la plus intéressée dans l'intervention réclamée. Lui arracher sa victime, ce serait mettre un terme au mal qu'elle se fait à elle-même. Elle est plus à plaindre que la Pologne, car la Pologne a des consolations, et la Russie n'en a pas; la Pologne est joyeuse et la Russie est triste. La tolérance de l'Europe serait pour la Russie une tentation, un poids qui de plus en plus l'enfoncerait dans son crime. Il faut, par pitié pour la Russie autant que par justice envers la Pologne, réparer le crime du XVIIIe siècle. La Pologne est pour la Russie un piége qui la fait pécher. La Russie a sa place au soleil, et la Russie se tromperait si elle croyait que l'Europe l'arrêtera par malveillance. L'Europe l'arrêtera par bienveillance, par respect! par respect pour la majesté qu'elle porte avec elle comme toute nation, par respect pour l'innocence que la Russie doit un jour reconquérir, par respect pour tout ce que Dieu et l'homme attendent d'elle. La Russie est chrétienne, et nous ne devons pas vouloir que personne prenne sa place dans l'unité. Nous devons vouloir qu'elle y rentre, et qu'elle soit digne d'y rentrer. C'est pourquoi nous ne devons pas lui permettre le désordre. Nous devons vouloir la Russie en Russie. Nous ne devons pas vouloir la Russie en Pologne, pas plus que nous n'avons souhaité, il y a quelques années, la Russie à Constantinople. Nous devons rendre la Pologne à la Pologne, et Constantinople à la chrétienté tout entière. Le Czar ne sait pas quelle reconnaissance il nous devrait si **1863** voyait la Russie délivrée de la Pologne, qui est pour elle un embarras et un remords, et qui, reconstituée, serait pour la Russie une loyale et chevaleresque voisine. La Pologne deviendrait entre l'Europe et la Russie un excellent trait d'union. Mediatrice naturelle entre le Czar, qui ne pourrait pas la franchir, mais qui pourrait la traverser moralement pour se mettre, grâce à elle, en communication familière avec l'Europe, et l'Europe, qui pourrait librement rayonner sur la Russie et sur l'Orient, la Pologne, relevée, serait le complément admirable de l'édifice européen. Nous cesserions de regarder le Czar avec cette défiance qu'il mérite et qu'il provoque; nous éprouverions en face de lui, sans effort, la sécurité que nous ne pouvons éprouver devant lui qu'en nous tenant sur nos gardes. La sécurité interviendrait entre le Czar et l'Europe. Le Czar cesserait d'avoir peur de lui-même. Il pourrait entreprendre avec décision la réforme intérieure, mener à fin les travaux commencés, et consacrer à l'accomplissement de ses pensées toute la force qu'il use dans les embarras qu'il s'acharne à défendre. Il pourrait, soulagé, travailler d'un cœur libre au progrès de son immense empire, et peut-être n'a-t-il que ce moyen de conjurer les périls de l'avenir. Il veut la justice en Russie, il veut l'injustice en Pologne. Il faut opter : les lois du monde moral ne permettent pas ce partage impur. S'il réussissait en Pologne, le Czar serait condamné à échouer en Russie ; s'il échoue en Pologne, le Czar réussira peut-être en Russie, car la simplicité des choses veut que les réparations soient utiles à tous, et que la justice, qui rejoint la miséricorde dans l'unité, délivre aussi ceux qu'elle frappe.

APPENDICE

Voici comment la Prusse exécute la convention du 8 février, tout en persistant à en nier l'existence :

« On lit dans une correspondance adressée du grand-duché de Posen à l'*Europe* de Francfort :

« Le 28 février, une bande de cent insurgés au plus, venant d'Othusz, longeait la frontière après avoir traversé plusieurs fois la petite rivière formant en plusieurs endroits la limite entre la Pologne russe, la Silésie et le grand-duché de Posen. Ces courageux enfants d'une patrie arrosée d'un sang généreux attendaient un convoi d'armes qui leur était annoncé et qu'ils devaient ramener au quartier général en miniature agissant dans la Podlachie.

« Ils étaient partis d'Othucz cinquante hommes, déterminés à vendre chèrement leur vie, et, à quelques verstes de Wielun, ils comptaient déjà cent hommes ; les paysans avaient doublé leur nombre ; quoiqu'en disent les bulletins de Varsovie, il y a pour eux plus de sécurité dans les rangs de l'insurrection qu'avec le contact des bourreaux de la Pologne. Un détachement russe, fort de cinq cents hommes au moins, faisant la correspondance de Lublin à Kalisz, les rencontra près de Wielun. Cinq contre un, ce n'était pas assez pour attaquer les Polonais !

« Mais les Russes prirent confiance ; ils avaient aperçu de l'autre côté de la rivière Prosna les baïonnettes prussiennes surveillant sans doute la contrebande de guerre. Ils se ruèrent donc sur cette bande mal armée, et, pour ainsi dire entre deux feux, car les fusils prussiens ne promettaient rien de pacifique, le système de non-intervention ayant été tué par la convention du 8 février.

« Cependant, la résistance fut opiniâtre de la part des insurgés, mais leur chef ayant succombé sous une grêle de balles, après deux heures d'un combat acharné dans lequel plus de cent Russes avaient mordu la poussière, les Polonais, réduits à une quarantaine d'hommes, acculés sur la frontière, se décidèrent à la franchir ; c'était ce que voulaient leurs agresseurs.

« Aussitôt, les Prussiens entourèrent les fugitifs, les désarmèrent « au nom du droit des gens, » puis « contre le droit des gens, » les chassèrent impitoyablement de l'autre côté du cours d'eau ; il n'y avait point à résister, les baïonnettes prussiennes resserraient le cordon à l'extrême limite. A peine les malheureux Polonais avaient-ils touché de nouveau le sol de la patrie, que l'on entendit un feu de peloton bien nourri. C'étaient les Quarante, renvoyés par la

Prusse, qui tombaient sous les balles moscovites. Trois hommes seuls restaient de cette héroïque phalange, car ces trois hommes, quoique blessés, avaient repassé la frontière et s'étaient livré aux Prussiens; mais deux de ces malheureux furent rendus aux Russes et massacrés sur les corps de leurs braves compagnons. Le troisième parvint à s'échapper; j'ai eu le bonheur de le voir et de l'aider, avec quelques amis, à gagner sous un déguisement la ville de Breslau, d'où il compte bien aller rejoindre la bande reformée de Frankowski, commandée par un nouveau patriote.

« Voilà de quelle façon le gouvernement prussien, qui proteste si vivement contre les accusations causées par sa conduite, entend conserver la neutralité vis-à-vis de la Pologne. »

(*Opinion Nationale.*)

On lit dans la *Revue contemporaine* du 28 février :

« La solidarité internationale n'est pas un vain mot; à bien des reprises notre temps l'a prouvé. Toutefois, rarement elle s'est manifestée avec une intensité si grande et une force aussi soudaine qu'en ce moment où s'agitent de nouveau les destinées de la Pologne. Voilà un mois à peine que quelques poignées de patriotes, saisissant l'occasion de mesures aussi impolitiques qu'elles étaient arbitraires, ont tenté de résister par la force à la violence, et déjà, de Turin à Stockolm, de Vienne à Londres, de la Méditerranée à la mer Baltique, l'opinion a prononcé avec une merveilleuse unanimité; partout elle se range du côté du faible, de l'opprimé. Faut-il citer Paris et la France? Jamais, peut-être, une question extérieure n'a, chez nous, réuni à ce point les sympathies de tous les partis politiques et de toutes les classes sociales : c'est un entraînement irrésistible. La diplomatie, un moment hésitante, n'a pas tardé à céder au courant....

« C'est le cas ou jamais de dire : « La voix publique est le jugement de Dieu.... »

« On a dit du nouveau soulèvement polonais : « L'un de ses côtés les plus remarquables et l'une de ses meilleures garanties de succès, c'est qu'il n'a ni chef, ni centre, ni armes. » Pour paradoxale qu'elle paraisse, l'observation ne manque pas de justesse. Lorsque sans chef, ni centre, ni armes, une nation engage la lutte contre de puissants dominateurs, ne fournit-elle pas la preuve la moins équivoque que la souffrance est devenue insupportable, que le ressentiment est général et profond, qu'on est résolu de vaincre ou de mourir? Et un mouvement qui a pour lui cette spontanéité dans l'explosion, cette étendue de la colère nationale et cette force du désespoir, n'est-il pas presque assuré d'avance de ne pas avorter? Nous en dirons autant par rapport au concours extérieur : le mouvement polonais a pour lui ce fait, que les sympathies qu'il excite en Europe ne sont pas de l'entraînement passionné. Bien des fois on a vu des élans d'abord impétueux reculer devant les premiers obstacles sérieux; combien de courants généreux se sont arrêtés avant d'avoir atteint leur but! Rien de pareil n'est à craindre quand la conviction de l'Europe parle aussi haut que son émotion....

« Au fond, le partage de la Pologne n'a jamais été ratifié et accepté d'une façon universelle ; il n'a jamais passé pour un acte irrévocablement consommé. En France surtout, sous l'Empire comme sous le gouvernement de Juillet, en 1848 et après 1852, la conscience publique n'a cessé de protester contre cette grande iniquité; il en était de même, à des degrés différents, dans les autres pays libres de l'Europe. La morale n'était pas seule à réprouver l'anéantissement de ce peuple valeureux ; la politique sentait, elle aussi, le poids accablant de ce crime, qui était en même temps l'une des fautes les plus lourdes que l'ambition ait jamais tentée, qu'une complaisance aveugle ait jamais laissé commettre. Quel est l'Etat. sans excepter même ceux qui se partagèrent les dépouilles de Stanislas-Auguste, qui depuis n'ait eu plus d'une fois des motifs sérieux pour regretter la disparition de la Pologne de la carte d'Europe? On supportait l'état de choses sorti des partages de 1773, de 1793 et 1796, parce que c'était chose faite....

« En un mot, c'était le fait accompli qu'on reconnaissait ; c'était devant son pouvoir que l'on s'inclinait. Aujourd'hui cette illusion n'est plus possible. Depuis un mois, l'Europe est souverainement convaincue de ce que depuis quelque temps déjà elle soupçonnait : l'anéantissement de la nationalité polonaise, son absorption par la Russie, n'est pas un fait accompli. A la vérité, jamais la Pologne ne s'était laissé atteindre par la prescription; partout et en toute occasion, ses fils ont protesté de son droit et de sa vitalité....

« A peine quelques rares obstinés s'étonnaient-ils quand l'empereur Alexandre II traitait naguère de « rêveries » toute aspiration nationale de ses sujets polonais. Mais voilà que la Pologne de 1863 prouve aux plus sceptiques que la rêverie, que l'absence de discernement politique étaient du côté de ceux qui croyaient avoir brisé à tout jamais les ressorts en les comprimant....

« Aujourd'hui, cela est évident pour nous, la Pologne est moins anéantie, moins pacifiée que jamais, malgré tout ce qu'une politique inflexible a pu tenter, depuis 1831 surtout, pour la dénationaliser, pour effacer chez la génération naissante jusqu'au souvenir de la patrie. L'anéantissement de la Pologne n'est donc rien moins qu'un fait accompli; l'acte dont elle est la victime manque même de cette équivoque consécration, si c'en est une, qui parfois fait fermer les yeux sur les situations anormales dans leur existence ou dans leur origine. La question polonaise redevient une question ouverte, en supposant qu'elle ait jamais cessé de l'être. De sa tacite complicité dans les actes de spoliation des trois souverains dn Nord, de l'espèce de consécration qu'elle a donnée en 1815 à leur œuvre, de la coupable indifférence avec laquelle en 1831 et depuis elle a laissé la Russie oublier les solennels engagements d'Alexandre Ier, l'Europe n'a pas même tiré le médiocre avantage de voir se fermer une des plaies saignantes de son corps agité. Quoi d'étonnant si d'un coup ses remords sur ce qu'elle a permis de s'accomplir, son ressentiment contre l'abus de la force, ses sympathies pour la victime, se réveillent plus vifs que jamais, si son intérêt bien entendu et sa conscience lui font regretter l'abstention où elle s'était renfermée depuis si longtemps? A peine y aurait-il une objection sérieuse à élever, si l'Europe, puisqu'appel est interjeté par la force des événements, se mettait à réviser le procès entre l'ancienne Pologne et les co-partageants. Qui est-ce qui lui contesterait ce droit? Ce ne serait pas la Russie, assurément. Elle a épuisé la patience de l'Europe en se montrant incapable d'assurer sa domination en Pologne, de s'y créer un droit après une possession de fait bientôt séculaire. Est-ce la Prusse ? Mais du haut du banc ministériel elle vient de déclarer ingénument qu'elle n'a pas mieux réussi que le gouvernement de Saint-Pétersbourg, que les dangers de la Russie sont les siens. Elle se calomnie peut-être; la convention du 8 février n'en délie pas moins l'Europe de tout ménagement envers elle.

« En toute spontanéité, le gouvernement d'un pays constitutionnel, qui veut passer pour le représentant en Allemagne des idées libérales et progressistes, offre de se faire au delà de ses frontières le « valet du bourreau, » le « gendarme de l'absolutisme moscovite, » comme le disait, en traduisant l'indignation populaire, le Nestor de la démocratie à la Chambre prussienne, M. Waldeck. La population prussienne est justement indignée de ce rôle avilissant que son gouvernement veut lui faire jouer au dehors, après s'être appliqué avec tant de persévérance à escamoter ses libertés à l'intérieur....

« C'est une intervention et une coopération véritables des forces prussiennes pour étouffer le mouvement polonais que prévoit et autorise l'engagement du 8 février. Elles ne sont même plus à l'état de projet : dans la nuit du 18 au 19 février, les troupes prussiennes ont, sur le simple bruit de l'approche des insurgés, occupé sur le territoire polonais la ville frontière Dobrezyn, et, de concert avec les troupes russes, donné la chasse aux Polonais dans les bois avoisinants. De plus, la Prusse ouvre son propre territoire et met ses moyens de poursuite et de répression au service de la Russie; les nombreuses arrestations et extraditions de réfugiés et même de simples voyageurs polonais, opérées par les autorités prussiennes, le prouvent surabondamment....

« Le fait est qu'aujourd'hui les événements débordent, et qu'il faut brusquer la solution. Le temps des expédients est passé; il faut recourir aux mesures entières. On a tenté des réformes là où un changement radical était urgent. »

On lit dans la *Gazette du Midi*, du 8 mars 1863 :

« Au moment même où je vous écris, il y a entre le Saint-Siége et le gouvernement russe une grande et nouvelle lutte, dont la Pologne, cet immortel revenant de la justice et du droit, est le terrain commun. On ne combat pas seulement dans les plaines et les forêts où meurent ces prodigieux insurgés que conduit l'héroïque Langiewicz. Un envoyé extraordinaire du czar, dont je vous parlais samedi dernier sous toute réserve, est, en effet, arrivé de Rome : c'est le comte Sacken, aide-de-camp de l'empereur Alexandre II. Le Czar supplierait Pie IX d'excommunier les insurgés polonais, et, renonçant à toute alliance avec la révolution italienne, lui promettrait en revanche aide et secours pour reconquérir l'Ombrie, les Marches et les Romagnes. Je suis bien loin de vous garantir une aussi paradoxale nouvelle; je me réserve de rétablir prochainement les faits dans leur scrupuleuse exactitude. Je vous garantis seulement l'arrivée du comte Sacken et sa mission hostile à la Pologne. Je vois déjà d'ici certains journaux italiens qui sont loin d'imiter la *Gazette du Midi* et le *Monde* dans leur langage sur la Pologne.

« Le *Standardo catholico* (plaignons ces catholiques)! ne s'est-il pas avisé d'écrire, dans son nº 36, qu'il n'y aurait pas de plus grand malheur pour le Saint-Siége que le triomphe de l'insurrection polonaise (la domination cosaque lui semble un moindre mal) et l'*Armonia* elle-même ne soutient-elle pas aujourd'hui que les Polonais devraient se faire égorger comme des agneaux, sans résister au czar autrement que par la prière? Certes, plus que personne nous honorons le dévoûment et le talent de l'*Armonia:* elle a justement mérité la nombreuse clientèle et la grande influence dont elle jouit parmi les conservateurs d'Italie, mais elle pourrait se souvenir en cette circonstance que si les martyrs chrétiens n'opposèrent aucune résistance aux Césars qui représentaient malheureusement le pouvoir, le seul pouvoir de l'empire, les livres saints honorent, au contraire, le courage des Machabées, luttant pour l'indépendance de la Judée contre la domination étrangère, et c'est d'eux qu'elle dit : il est bon de savoir mourir pour le peuple ! Alors même que ce dévoûment pour la patrie doit être écrasé par la force, comme le fut celui des Machabées, il mérite encore l'éloge plutôt que le blâme. »

Paris. — Imp. W. Remquet, Goupy et Cᵉ, rue Garancière, 5.

DU MÊME AUTEUR

LA QUESTION DIVINE

M. HELLO ET M. RENAN

AVEC UNE LETTRE ADRESSÉE A L'AUTEUR PAR Mgr DE SÉGUR

Un vol. in-18. — Prix, 60 c.

Ch. DOUNIOL, 29, rue de Tournon. — Jacques LECOFFRE, 29, rue du Vieux-Colombier.

SOUS PRESSE

SAINT ANSELME DE CANTORBERY

SON TEMPS, SA VIE, SA DOCTRINE

2 volumes in-8°. — Prix : 12 francs.

Victor PALMÉ, 22, rue Saint-Sulpice.

PARIS. — IMP. V. RENDUET, GOUPY ET Cᵉ, RUE GARANCIÈRE, 5.

www.ingramcontent.com/pod-product-compliance
Ingram Content Group UK Ltd.
Pitfield, Milton Keynes, MK11 3LW, UK
UKHW020352250726
13967UKWH00005B/2244